数字时代

员工建言行为的驱动与策略

Drivers and Strategies of Employee Voice in the Digital Age

钱 思◉著

企业管理出版社
EMPH ENTERPRISE MANAGEMENT PUBLISHING HOUSE

图书在版编目（CIP）数据

数字时代员工建言行为的驱动与策略 / 钱思著 . 北京： 企业管理出版社，2025. 8. -- ISBN 978-7-5164-3300-3

Ⅰ. F272.92

中国国家版本馆 CIP 数据核字第 20255VW689 号

书　　名：数字时代员工建言行为的驱动与策略
书　　号：ISBN 978-7-5164-3300-3
作　　者：钱　思
责任编辑：侯春霞
出版发行：企业管理出版社
经　　销：新华书店
地　　址：北京市海淀区紫竹院南路 17 号　　邮编：100048
网　　址：http：//www.emph.cn　　电子信箱：pingyaohouchunxia@163.com
电　　话：编辑部 18501123296　　发行部（010）68417763　68414644
印　　刷：北京厚诚则铭印刷科技有限公司
版　　次：2025 年 8 月第 1 版
印　　次：2025 年 8 月第 1 次印刷
开　　本：710mm × 1000mm　1/16
印　　张：13
字　　数：183 千字
定　　价：88.00 元

前言

在数字时代背景下，产品及商业模式的生命周期显著缩短，全球商业环境的不确定性显著增强，与此同时，消费者个性化需求激增，工作环境和工作任务复杂度提升，这些共同构成了企业持续发展所面临的严峻挑战。为了在这一动态环境中保持竞争力，企业迫切需要提升其快速响应市场变化的能力及创新效能。在此情境下，员工的主动建言行为成为企业捕捉瞬息万变的市场机遇、优化作业流程，并推动组织转型与创新的关键驱动力。然而，若员工在关乎企业战略走向的关键决策时刻保持沉默，则可能显著降低企业决策的质量与效率，对数字时代企业的可持续发展构成潜在威胁。值得注意的是，随着“数字原住民”即新一代员工逐渐成为职场主体，他们独特的价值观和工作态度为组织管理带来了新的考量。因此，如何有效激发数字时代员工的主观能动性，构建一个包容多元、鼓励创新的环境，通过多维度的激励机制促进数字时代员工积极参与决策过程，成为当前管理科学研究与实践中的一个核心议题，尤其在快速变化的数字时代背景下，这一议题的紧迫性和重要性愈发凸显。

国内外学者主要从个体方面和情境方面来探讨员工建言行为的前因，然而已有研究主要关注静态的员工建言行为，衡量员工在日常工作中建言行为发生的频率或程度。因此，已有研究的假设基础大多是员工会多次建言，而缺少从系统整合视角对员工偶然发生的建言行为的关注。事实上，在数字时代的企业管理实践中，虽然员工建言行为有助于提高企业决策质量和效率，但是由于组织资源具有有限性、领导者存在自我中心偏见、员工囿于下属视角提出的部分建议不合理等原因，员工的建议未能被领导采纳的情况是客观存在且十分普遍的。随着远程办公和虚拟团队的增多，领导者与员工的非正式交流减少，难以通过非言语线索感知员工的情绪和反应，这种沟通环境也会削弱领导者对员工建言的人文关怀和积极响应。另外，在数字时代，即时通信和反馈成为常态，员工可能期望其建言能迅速得到响应和采纳。然而，领导者未采纳员工建议是否以及如何影响数字时代员工的后续再建言，目前较少受到学者关注。

基于已有研究的不足，本研究从建言过程的视角出发，构建一个系统整合模型来探讨数字时代员工多次建言行为的前因变量，即通过“个体因素—员工初次建言—领导未采纳建言—员工后续再建言”的链式过程整合模型，探究数字时代员工初次建言行为选择的个体方面影响因素，以及领导未采纳建言时，员工再建言行为的领导方面影响因素。具体来讲，本研究旨在解决以下六个问题：一是数字时代职业承诺、团队承诺、组织承诺如何共同对员工选择建言或者沉默的行为产生影响；二是数字时代建言角色知觉是否在职业承诺、团队承诺、组织承诺与员工建言或者沉默行为关系中具有中介作用；三是组织政治知觉是否调节了职业承诺、团队承诺、组织承诺对数字时代员工建言或者沉默行为的间接影响；四是数字时代领导对未采纳建言提供解释的具体程度（本书简称领导未采纳建言解释具体性）、未采纳建言幽默是否会影响员工后续再建言；五是数字时代领导未采纳建言解释具体性、未采纳建言幽默对员工后续再建言影响的路径是什么；六是数字时代领导未采纳建言解释具体性、未采纳建言幽默对员工后续再建言影响的边界条件是什么。

本研究对员工建言行为的前因变量进行系统性回顾，由此发现已有研究的不足，然后基于建言过程的视角，提出一个关于数字时代员工建言行为的个体方面和领导方面前因的系统整合且可验证的理论模型，并通过多方面、多类型的研究设计对此整合模型进行验证。本研究从建言过程视角，通过三个子研究来分别检验数字时代员工初次建言和再建言的个体方面和领导方面的前因，实证研究得到的结论具有一定的理论和实践意义。

第一个子研究关注数字时代员工多重承诺（职业承诺、团队承诺和组织承诺）如何通过建言角色知觉的中介作用影响员工建言/沉默行为选择。聚焦正在经历数字化转型和已经完成数字化转型的企业，基于来自中国和美国的共437份员工样本数据，分析结果表明，在控制了职业承诺和组织承诺的情况下，团队承诺通过建言角色知觉的中介作用对数字时代员工的沉默行为产生影响，这表明数字时代员工选择向领导提建议主要是基于他们对团队的承诺而非对组织或者职业的承诺。本研究进一步探究数字时代组织政治知觉在员工多重承诺和建言角色知觉关系中的调节作用，数据结果表明高组织政治知觉会减弱团队承诺对建言角色知觉的正向影响，说明较高程度的组织政治环境可能会减弱个体差异，进而减少具有较高团队承诺的员工的建言角色知觉。结果也表明，通过建言角色知觉，组织政治知觉调节团队承诺对员工沉默行为的影响。该子研究关注个体因素如何影响数字时代员工的初次建言行为选择，后面的两个子研究关注员工选择建言后未被领导采纳的情境，分别探讨领导未采纳建言解释具体性、未采纳建言幽默与员工再建言行为的关系。

第二个子研究关注数字时代领导未采纳建言解释具体性如何通过心理安全感的中介作用影响员工建言行为，并探究领导成员交换关系在领导未采纳建言解释具体性和心理安全感之间的调节作用。首先通过一个情境实验，采用领导成员交换关系（高和低）和领导未采纳建言解释具体性（高和低）的设计，收集来自中国的275个参与者的数据，数据结果表明领导未采纳建言解释具体性与建言安全感正相关，并初步表明领导未采纳建言解释具体性和领导成员交换关系的交互会通过心理安全感的中介作用对员工再建言行为产生影响。进一步，聚焦正在经历数字化转型和已经完成数字化转型的企业，通过问卷调查收集来自中国的274份员工数据，检验该子研究的整个模型，数据结果表明心理安全感在数字时代领导未采纳建言解释具体性和促进性建言的关系间具有部分中介作用，心理安全感在领导未采纳建言解释具体性和抑制性建言的关系间具有完全中介作用，领导成员交换关系正向调节领导未采纳建言解释具体性对员工心理安全感的正向影响，进而调节心理安全感在领导未采纳建言解释具体性与促进性建言和抑制性建言之间的中介作用。也就是对于领导成员交换关系质量高的员工而言，领导在未采纳其建议时提供的解释越详细和清楚，其心理安全感越高，进而越可能会继续有建言行为。

第三个子研究关注数字时代领导未采纳建言幽默如何通过心理安全感的中介作用影响员工建言行为，并探究领导成员交换关系矛盾感在领导未采纳建言幽默和心理安全感关系间的调节作用。聚焦正在经历数字化转型和已经完成数字化转型的企业，通过问卷调查的方式收集来自中国的共 345 份员工数据，数据结果表明心理安全感在数字时代领导未采纳建言幽默对员工后续促进性建言和抑制性建言的影响中发挥部分中介作用，领导成员交换关系矛盾感负向调节领导未采纳建言幽默对员工心理安全感的正向影响，进而调节心理安全感在领导未采纳建言幽默与促进性建言和抑制性建言之间的中介作用。也就是领导采用幽默的方式拒绝员工的建议有助于缓解关系紧张感，增强员工的心理安全感，但是对于领导成员交换关系矛盾感高的员工而言，领导未采纳建言幽默对员工心理安全感的正向影响减弱。

总体来讲，在数字时代，当领导未采纳建言时，采用恰当的沟通方式，即提供更具体的解释或者采用幽默的方式，有助于减少拒绝行为带来的负面影响，增加数字时代员工建言的心理安全感，进而有利于其后续在有想法的时候再建言。本研究的结果具有一定的理论贡献和实践意义。

本研究在总结已有员工建言行为前因变量研究不足的基础上，提出一个系统整合的研究模型，并采用多形式、多渠道收集数据，对模型进行验证。本研究的理论贡献主要体现在以下方面。首先，基于建言过程的视角，挑战已有研究中员工会多次建言的假设，用一个系统整合模型分别探究数字时代员工初次建言和后续建言行为的个体和领导前因，不仅为员工建言行为研究提供了新的视角，也有助于深化对数字时代员工建言行为形成机制的理论研究，为更全面地了解员工建言行为的前因提供重要理论和实证依据。其次，拓展了对数字时代领导未采纳建言如何影响员工再建言行为的研究。鉴于领导者无法采纳员工所有建议的情况是客观和普遍存在的，本研究结论有助于深化对数字时代领导未采纳员工建言如何对其后续建言产生影响的认识，弥补已有研究对此方面关注的不足。再次，丰富了员工多重承诺对数字时代建言行为影响的研究，有助于深化对员工针对不同对象的承诺差异化影响其态度和行为的理解，为未来更细分的、以不同对象为导向的员工承诺研究提供借鉴。最后，丰富了数字时代员工建言行为前因变量的边界条件的研究。从个体与情境互动的视角讨论影响员工建言行为的调节变量，有助于拓展对影响员工建言行为的边界条件的认知。

本研究也具有一定的管理启示。首先，在数字时代，进行多方平衡和组织资源分配是管理者的重要职责。当领导者无法采纳员工建议的时候，应该注意自己的沟通方式。员工建言行为是一种自愿性行为，不恰当的拒绝方式可能会使本来愿意建言的员工转而选择保持沉默。领导者应该提供具体的解释，或者采用友好的、诙谐幽默的方式化解拒绝行为所带来的负面影响，这可以增加员工的心理安全感，有利于员工继续提建议。其次，在数字时代，当鼓励员工提建议时，领导者应该重视员工建言行为的持续性。当领导者未采纳其建议的时候，建言安全感是保证员工能够继续提建议的重要因素。当无法采纳员工建议时，领导者应该建立良好的反馈机制，让员工明白建言行为是被领导支持的，领导拒绝采纳其建议只是针对具体建议本身，从而增强员工建言的心理安全感，促进员工持续建言。最后，在数字时代，管理者应该致力于强化员工的团队承诺，特别是对于主要以团队形式工作的组织。管理者应该重视对团队的关系管理，促进团队成员的分享和沟通，发挥不同成员的优势，提高团队成员的合作产出，增强成员的团队承诺。

从建言过程的视角，未来研究可以进一步探究数字时代领导未采纳建言的其他表达方式是否以及如何对员工后续建言行为产生影响，并探究心理安全感以外的中介影响机制；探索领导未采纳建言的表达方式对员工建言行为影响的其他边界条件；比较员工初次建言行为和后续建言行为在建言类型、建言质量上的差异；另外，还可以进一步探究员工对不同对象承诺的交互作用如何影响员工态度和行为。

目 录

第 1 章

绪 论

1.1 研究背景

1.1.1 现实背景

在数字时代，产品及商业模式的生命周期不断缩短，组织环境的不确定性和动态性增加，客户的个性化需求越来越多，组织结构的扁平化趋势加强（Joseph 和 Gaba，2020；Li、Liang 和 Farh，2020；Sewpersadh，2023；Ye、Liu、Luo 等，2024；戚聿东和肖旭，2020），这些都对组织的创造性及快速反应能力提出了更高要求。在此情境下，组织越来越依赖员工主动表达建设性的意见，提出新产品开发或新市场探索的想法，以推动组织变革与创新（Burris，2012；Maynes 和 Podsakoff，2014；Morrison，2011；章凯、时金京和罗文豪，2020）。另外，数字化也正在引发我们工作方式、沟通方式和组织协作方式的根本性变化。例如，社交媒体平台让人们可以便捷地联系和分享信息，这些平台正越来越多地取代面对面的沟通（Holland、Cooper 和 Hecker，2019），同时越来越多的团队工作也转变为在虚拟环境中进行（Kremer 和 Janneck，2013）。

在数字时代，领先的公司都在积极完善管理制度，听取员工建议，营造创新氛围，不断突破边界，以获得持续成长。在数字化转型阶段，张瑞敏诠释了“人是目的，有生于无”的创业价值观。张瑞敏在总结海尔战略转型经验的基础上，强调发挥人的才能，用“人单合一”模式鼓励每个创客进行自我突破，为组织发展建言献策，并指出数字化转型时期更加需要坚持释放人的价值，增强企业韧性。谷歌首席人才官拉斯洛·博克在其《重新定义团队：谷歌如何工作》一书中指出，作为不断推出新产品的最顶尖的科技公司之一，谷歌的人才理念是每个人都是“创意精英”，强调“让工作有意义，员工尽情发挥自己的激情”。在谷歌内部有非常透明的信息公开机制，所有员工都可以在例会上了解公司近期的新产品及运营情况，并提出问题及建议，参与到公司决策中。谷歌作为全球科技巨头，在数字化转型中不仅引领了行业潮流，还特别强调了员工参与的重要性，将其视为转型成功的关键因素之一。谷歌与《经济学人》联合发布白皮书《弥合职业技能差距：助推数字化与经济发展转型》，谷歌通过制订专门的培训计划和使用数字平台，促进员工技能升级。谷歌的组织文化也鼓励开放源码式的协作与沟通，通过透明的信息分享和跨部门合作，使员工能更直接地参与到数字化转型的讨论与实践中。陈春花（2016）在解读谷歌管理模式的本质时提出，传统的管理方式不再适用于“创意精英”，反而会适得其反。对于这类人才，组织无须对其进行制度管理，而是营造创造性氛围，尽可能向所有员工开放信息，如此自然会吸引全球最优秀的人才加入。另外，党的十九大报告指出，我国经济已由高速增长阶段转向高质量发展阶段。高质量发展需要将人才作为首要资源，充分发挥人力资本的潜能；领导者需要营造安全的建言献策氛围，激发员工的创新潜能。

在企业数字化转型阶段，当领导者通过管理实践营造安全的建言氛围，并形成鼓励员工建言的环境之后，通常就会面临另一个管理挑战，即如何拒绝员工的某些提议，同时不扼杀其继续建言的积极性。事实上，在诸多企业的数字化转型实践中，由于组织资源的有限性等原因，领导者无法采纳员工所有建议的现象是客观存在的。因此，在企业数字化转型阶段，当领导者需要对员工的建议做出负面回应的时候，他们需要考虑用何种方式表达以及如何呈现不采纳的信息。可以说，研究数字时代领导如何选择合适的拒绝策略，同时不影响员工继续建言的积极性，是当下管理实践中的重要问题。

另外，随着新生代员工逐步成为职场主力，叠加数字化转型的时代背景，企业普遍经历着变革与转型。在此情况下，聚焦如何在数字时代发挥员工建言的作用，具有重要的实践意义。员工建言行为不是偶然发生的行为，从建言过程的视角来看，领导者需要考虑如何激励员工持续建言。在数字时代，员工建言行为的选择一方面受到员工个体因素（如人格、工作态度）的影响，另一方面受到情境因素（如领导方式、建言渠道）的影响（Morrison，2011）。因此，探究数字时代影响员工建言行为选择的员工态度因素，以及领导者如何通过管理实践鼓励员工建言，也是当下企业在数字化转型过程中面临的重要问题。

1.1.2 理论背景

员工建言行为是以改进团队或组织工作现状为目的，员工主动提出建设性观点、想法和建议的工作角色外行为（LePine 和 Van Dyne，1998；Morrison，2011）。在数字化转型阶段，组织需要依靠员工建言行为发现工作中的问题，改善组织管理现状，从而在市场中获得竞争优势。对于组织和团队而言，在数字化转型阶段，员工建言行为有利于管理者发现组织内部问题（Detert 和 Burris，2007；Dutton 和 Ashford，1993），提高组织决策效率（LePine 和 Van Dyne，1998；Morrison 和 Milliken，2000）和生产率（Black 和 Lynch，2004），提高市场竞争力（Argote 和 Ingram，2000），促进团队和组织绩效的提升（邓今朝、黄中梅和余绍忠，2015；Detert、Burris、Harrison 等，2013）。对于建言者而言，建言行为能增强其对工作的控制感（Parker，1993），有利于形成积极的工作态度、增进心理健康（Cortina 和 Magley，2003；Morrison 和 Milliken，2000），提高创新绩效（詹小慧和李群，2020；朱永跃和欧阳晨慧，2019），并增加工作满意度（Holland、Pyman、Cooper 等，2011）。

数字时代的员工建言行为展现出一系列新特点。第一，即时性和广泛性。数字工具，如企业社交平台、即时通信软件，使得员工能够即时分享意见和反馈，跨越时间和空间限制，覆盖更多受众（Zhou 和 Cen，2023）。这种即时性和广泛性提升了员工建言的传播效率和影响力。第二，匿名性和安全性。数字平台提供了匿名建言的可能，减少了员工在提出批评或敏感问题时的顾虑，增强了心理安全感，促使员工进行更真实、直接的意见表达（Kim 和 Leach，2020）。第三，数据驱动与量化分析。数智技术使组织能够收集、分析员工建言的数据，通过算法评估建议的价值，快速识别关键问题和趋势，从而更加科学、系统地处理员工反馈（Borges、Laurindo、Spínola 等，2021）。第四，互动性和迭代性。数字平台支持员工之间的实时交流和反馈，建言不再是一次性的，而是可以通过多轮互动逐步完善，形成迭代改进的过程（Calabrese、D'Uffizi、Ghiron 等，2024）。第五，个性化与定制化。基于大数据分析，组织能够更精准地了解员工需求和偏好，从而为不同员工提供个性化的反馈渠道和激励方式，增强建言的针对性和有效性。

在众多企业进行数字化转型的时代，如何鼓励员工建言已经成为领导力、职业管理、组织行为学领域关注的重要问题。已有诸多研究关注员工建言行为个体方面和情境方面的前因变量（Morrison，2011；Morrison，2014）。一方面，学者们对员工建言行为个体方面的影响因素进行了广泛的探索（Morrison，2011），其中员工承诺作为一个重要的态度变量，在影响员工建言行为的过程中发挥着关键作用（Wombacher 和 Felfe，2017）。已有研究较多关注组织承诺对员工建言行为的积极影响（Thomas、Whitman 和 Viswesvaran，2010），但是根据角色理论，员工会同时对多个对象（如职业、团队、领导等）产生承诺（Reichers，1985）。随着数字技术的发展，信息获取和职业机会搜索变得更为便捷，员工更容易建立跨组织的人脉和资源网络，因此他们可能同时对当前雇主（组织承诺）、专业社群（职业承诺）、项目团队（团队承诺）乃至直接上级（主管承诺）产生不同程度的情感联结和忠诚感。研究数字时代员工多重承诺对建言行为的影响，有助于比较员工对不同对象的承诺对建言行为的差异性影响。另一方面，领导者行为是促进或者抑制员工建言的关键前因变量（Morrison，2014；段锦云、张晨和田晓明，2016）。已有研究对领导者行为如何影响员工建言进行了广泛探讨，研究表明，领导的开放性（Detert 和 Burris，2007）、领导的支持程度（Milliken、Morrison和Hewlin，2003；詹小慧和李群，2020）、领导方式（如变革型领导、道德型领导、包容型领导、家长式领导、真实型领导）（Hsiung，2012；Liu、Zhu和Yang，2010；Walumbwa和Schaubroeck，2009；Zhang、Huai和Xie，2015；刘一涛和余福海，2019；齐蕾、刘冰和魏鑫，2019）均对员工建言行为有重要影响。

然而，已有研究大多建立在员工会多次建言的假设基础上（Grant，2013）。实际上，从建言的整个过程来看，个体态度可能会影响员工初次选择建言或者保持沉默，而当员工初次建言后，领导者如何回应员工的建言就成为员工后续是否继续建言的重要影响因素。同时，数字平台为员工提供了一个实时交流与反馈的渠道，使得建言不再是一蹴而就的，而是可以通过持续的、多轮的互动和讨论，逐步丰富和完善，从而形成一个不断迭代、持续改进的过程。有学者关注领导者对建言的采纳如何影响员工后续再建言行为，并发现领导者对员工建言的采纳会促进员工再建言（章凯、时金京和罗文豪，2020）。然而，在企业管理实践中，虽然员工建言可以帮助领导者更好地进行决策，但是部分建言不被采纳的情况在组织中是客观存在的（Milliken、Morrison和Hewlin，2003；陈琳、田晓明和段锦云，2019）。例如，数字工具虽然促进了信息的快速流通，但也导致了信息过载（Renjith，2017）。组织可能收到海量的员工建议，甄别、评估并优先处理这些建议成为一大挑战，某些有价值的建言可能因此被忽视。另外，新生代员工逐渐成为工作场所的主力军，他们呈现出与非新生代员工不同的特征，如更强调自我价值表达、推崇个人主义、更加重视公平与平等（赵玉田和崔玉娇，2017）。因此，领导者在拒绝新生代员工的建议时，需要更加重视其需求，通过对不采纳其建议提供具体的解释、使用新生代员工较能接受的幽默表达等方式，激励他们持续建言。有效且合理的沟通方式是领导者解决冲突的基础，特别是在领导者需要做出负面回应的情况下，但现有的理论研究较少关注数字时代领导未采纳建言如何影响员工后续建言行为。

综上，本研究将从建言过程的视角探究数字时代员工建言行为个体方面和领导方面的前因变量。具体来讲，首先探究数字时代员工多重承诺如何影响员工初次建言或沉默行为的选择，然后探讨员工建言后，领导者未采纳建议时的两种表达方式将如何影响员工后续的建言行为，以期从建言过程的视角和在数字化转型背景下，丰富员工建言行为前因变量的研究。

1.2 研究问题

基于上述研究背景，本研究从建言过程视角，针对数字时代员工建言行为个体方面和领导方面的前因提出以下研究问题。

1.2.1 个体方面

员工承诺是数字时代影响员工选择建言或者保持沉默的重要态度变量（Wombacher 和 Felfe，2017）。现有关于数字时代员工承诺与员工建言行为关系的研究存在以下不足。

第一，对数字时代员工多重承诺与建言行为的关系关注不足。诸多学者发现拥有较高组织承诺的员工更可能建言（Thomas、Whitman 和 Viswesvaran，2010；Wang、Weng、McElroy 等，2014；Zhao，2014），但多数研究都按照传统观点将承诺定义为“个体对某一特定组织的认同和工作投入程度”（Mowday、Steers 和 Porter，1979）。而实际中，员工有可能会对多个对象（如职业、团队、领导等）产生承诺（Becker 和 Billings，1993；Klein、Molloy 和 Brinsfield，2012；Reichers，1985），并且这些对象之间可能是相互矛盾的、有冲突的。已有研究表明，员工对不同对象的承诺对员工态度和行为会产生差异化的影响（Johnson、Chang 和 Yang，2010；Wombacher 和 Felfe，2017）。特别是在数字时代，远程工作、灵活工作制等工作模式减少了员工与组织的物理联系，但通过数字平台与团队成员、项目伙伴的互动增加，这促进了员工对团队和项目的承诺，并可能会减弱员工的组织承诺。

第二，从角色认知视角探索员工承诺与建言行为关系的研究不足。建言行为可能会损害建言者的公众形象，导致领导给出较低的绩效评价（Milliken、Morrison 和 Hewlin，2003；Pinder 和 Harlos，2001），因而建言者在选择是否提建议时会考虑其可能带来的消极后果。通过对员工建言文献进行总结，Morrison（2011）认为与建言行为结果有关的两个关键性因素具有突出地位。一个是员工对建言行为可能带来的风险及负面结果的判断，即建言安全感（Perceived Voice Safety）；另一个则是员工对建言行为是否有效的判断（Perceived Voice Efficacy）。这与建言行为挑战组织管理现状的特征也是一致的。然而，建言行为的触发及决策过程均与个体的角色认知有关。根据角色理论（Biddle，1979），人们在不同的角色身份下会有不同的行为。因此，本研究认为数字时代员工对不同对象的承诺会对其建言角色知觉产生差异化影响。

第三，个体因素对员工建言行为产生作用的边界条件有待进一步澄清。以往有关员工个体因素对建言行为影响的边界条件的研究主要关注以下两个方面。一是个体层面的因素，主要包括主动型人格（张军成，2016）、员工代际差异（于岩平、卢晴和王平，2020）、员工亲社会动机（谢江佩、朱玥、施荣荣等，2020）、个体权力距离感知（段锦云和黄彩云，2014；梁建，2014），以及与个体态度相关的因素，如工作满意度、团队认同感、公平感知、职业承诺等（LePine 和 Van Dyne，1998；Liang、Fahr 和 Fahr，2012；Morrison、Wheeler-Smith 和 Kamdar，2011；Tangirala 和 Ramanujam，2008b）。二是组织和团队层面的情境因素。例如组织内部建言通道，缺乏正式的向上建言通道是抑制员工建言的重要因素（Morrison 和 Milliken，2000）；保守、排他及不支持建言的组织氛围也不利于员工建言（Dutton、Ashford 和 Miner-Rubino，2002）；另有研究发现，团队层面的建言安全感不仅会对个体态度产生影响，也会增强成员对建言的认同感（Morrison、Wheeler-Smith 和 Kamdar，2011）。然而，组织政治环境作为一种强环境，会对员工建言行为产生重要影响。当员工感知到工作环境中领导或者同事存在较多自利行为时，个体更可能会倾向于拥有类似的心理（Ferris、Harrell-Cook 和 Dulebohn，2000）。另外，数字技术虽然提供了更广泛的沟通渠道和信息获取途径，但也可能放大组织政治的影响，如通过不透明的决策过程、信息不对称等方式，进一步影响员工对职责的理解。特别是在高度政治化的环境中，数字平台可能成为政治行为的舞台，导致不同承诺水平的员工在信息接收和处理上存在差异，进而不同承诺水平的员工对工作职责的理解也会因感知到的组织政治水平的不同而有所区别。

根据以上阐述，本研究从数字时代员工建言行为选择的个体前因方面提出如下研究问题。

问题1：在数字时代，职业承诺、团队承诺、组织承诺如何共同影响员工的建言或沉默行为选择？

问题2：建言角色知觉是否在职业承诺、团队承诺、组织承诺与数字时代员工建言或者沉默行为的关系中具有中介作用？

问题3：组织政治知觉是否调节了职业承诺、团队承诺、组织承诺对数字时代员工建言或者沉默行为的间接影响？

1.2.2 领导方面

在组织内部，建言行为会挑战管理现状和领导者权威（Burris，2012），而领导者拥有是否采纳建议、对员工进行绩效评估等决策权。当员工选择建言之后，会密切关注领导者对建言的回应（Detert 和 Burris，2007），并决定自己是否继续建言。在数字时代，领导者回应会对员工建言产生重要影响，员工感知到自己的建言行为在多大程度上受到领导者的公平对待会影响员工后续再建言的意愿（Janssen 和 Gao，2015；Milliken、Morrison 和 Hewlin，2003）。有研究表明，领导者对员工建言的采纳会促进员工再建言（章凯、时金京和罗文豪，2020）。但是，已有研究对领导者未采纳员工建议是否影响员工后续再建言的关注较少，部分原因可能在于已有研究大多建立在员工会多次建言的假设基础上（Grant，2013）。

事实上，在企业人力资源管理实践中，尽管员工建言有利于提高领导者决策质量，但数字时代建言不被采纳的情况在组织中普遍存在（Milliken、Morrison 和 Hewlin，2003；陈琳、田晓明和段锦云，2019）。即使在数字时代，许多组织仍保留着较为严格的层级结构，这种集中的决策模式可能导致基层员工的建言难以到达决策层，或在层层传递过程中被削弱、忽略。员工建言不被采纳的具体原因如下。第一，由于组织资源的有限性，领导者通常无法支持所有员工的建议。特别是那些具有颠覆性的想法或者计划，其本质上具有一定的探索性，可能带来组织技术发展路径和客户基础的根本性改变，因而只有少数能够被实施（Deichmann 和 Ende，2014）。第二，管理者自身的因素也会导致建言不被采纳。例如，在管理实践中，因为自我中心偏见，高权力感知的领导者往往会低估建言者提出的观点及建议（Bonaccio 和 Dalal，2006；Tost、Gino 和 Larrick，2012），产生“建议折扣”（Advice Discounting）现象，最终导致员工建议被拒绝。第三，根据 Lam、Rees、Levesque 等（2018）的观点，并非所有员工的建言都经过深思熟虑且基于社会规范。事实上，组织中也会有一些喜欢“信口开河”（Shoot from the Hip）的员工，Lam、Rees、Levesque 等（2018）称之为拥有“建言习惯”（Voice Habit）的人，他们会习惯性地表达自己的想法、建议及观点。特别是随着 90 后、00 后的新生代员工逐步成为职场主力，他们在工作中表现出独特的价值观。新生代员工更重视自我目标实现，以自我为中心，对于上下等级关系的感知较弱，在职场中较少关注避免人际关系冲突的问题（李燕萍和徐嘉，2013；赵玉田和崔玉娇，2017），在工作中遇到问题时更倾向于提出自己的想法，从而选择建言（阎亮和马贵梅，2018）。而且当自己的想法未得到领导采纳的时候，新生代员工更可能忽略领导的指示，通过其他非正式方式来实现自己的创造性想法，甚至可能违反公司规范（王伟和刘汉轻，2020）。第四，数字工具虽然加快了信息流动的速度，但也造成了信息过载的问题，使得决策者难以对所有建言给予充分的关注和评估。

在数字时代，为了保持高效率，领导者通常会将资源投入在需要优先考虑的事情上，在组织资源有限的条件下，往往无法采纳所有员工的建议。本研究从建言过程的视角，关注数字时代员工的多次建言，拟探讨领导未采纳员工建议如何对其后续再建言行为产生影响。因此，从领导的前因方面提出以下研究问题。

问题 4：在数字时代，当未采纳员工建议时，领导表达拒绝的方式是否会影响员工后续再建言？

一方面，有研究指出，为了解决工作中的问题，当员工提出创造性的想法时，如果领导未采纳，可能会导致员工的越轨偏离行为，即员工可能会采用其他非正式方式继续进行原来的创造性活动（Mainemelis，2010）。另一方面，Deichmann 和 Ende（2014）的实证研究却发现，领导者未采纳而非采纳发起者的想法，增加了其继续提出创造性想法的可能性。本研究认为，领导者拒绝员工建议的表达方式是导致上述研究结果不一致的重要因素之一。另外，数字时代员工习惯于即时通信和高度透明的信息环境，他们期望在提出建议后能迅速获得反馈。若领导拒绝建议的方式不够及时或透明，可能会加剧员工的失望感，降低其再次建言的积极性。而且，数字时代强调数据驱动决策，员工更倾向于看到其建议基于数据和逻辑评估被拒绝，而非因主观判断被否定（Zhou 和 Cen，2023）。领导在拒绝建言时提供明确的、基于数据的理由，可以增强员工对决策过程的接受度，从而不影响其后续的建言热情。具体来讲，本研究试图探讨数字时代领导者在拒绝员工建议时的两种表达方式，即提供解释的具体性和表达时的幽默程度对其后续再建言的影响。如果领导为不采纳员工建议提供充分的解释，则可能会提高员工在未来继续提建议的可能性；如果领导采用幽默的方式拒绝员工的建议，则可能会缓解因拒绝带来的紧张感，营造轻松的氛围，促进数字时代员工继续建言。本研究旨在关注数字时代领导未采纳建言解释具体性和领导未采纳建言幽默对员工后续再建言的影响，期望形成“员工建言—领导者回应—员工再建言”的闭环过程模型。

问题 5：在数字时代，当未采纳员工建议时，领导表达拒绝的方式对员工后续再建言行为影响的路径是什么？

有关领导者行为影响员工建言的过程机制，已有研究从多个理论视角进行了探讨（卢红旭、段锦云和刘艳彬，2020）。涉及的中介变量包括基于社会交换理论的领导成员交换关系（Zhang、Huai 和 Xie，2015；于静静、蒋守芬和赵曙明，2015；朱玥和王晓辰，2015）、基于角色理论的建言角色期望

（Duan、Li、Xu 等，2017）、基于组织认同理论的身份认同（Liu、Zhu 和 Yang，2010）、基于权力视角的地位感知（Janssen 和 Gao，2015；Zhang、Huai 和 Xie，2015）、基于社会学习理论的榜样塑造（Bai、Lin 和 Liu，2019；Qi 和 Ming-Xia，2014；陈奎庆和于小进，2018）、基于信息加工理论的个体及团队的心理安全感（Detert 和 Burris，2007；Liu、Tangirala、Lam 等，2015；Walumbwa 和 Schaubroeck，2009）等。另外，也有学者认为建言是有计划的行为，从计划行为理论的视角来探究影响员工建言的机制（Liang、Farh 和 Farh，2012）。

建言行为具有一定的风险性，可能会损害建言者的公众形象，或者导致领导给出较低的绩效评价（Milliken、Morrison 和 Hewlin，2003；Pinder 和 Harlos，2001），因此建言者在提建议前会考虑其可能带来的消极后果，而员工选择建言行为的核心因素之一是建言是安全的。根据社会信息加工理论（Salancik 和 Pfeffer，1978），员工会从公司内部环境中寻求信息，并通过对这些信息的解读调整自己的态度及行为。在高不确定性的工作环境中，领导者的行为被视为员工获取信息的重要来源。本研究认为当领导者未采纳员工建议时，其表达方式会向员工传递领导者对员工建言支持程度的信息，影响员工对建言风险性的判断，进而员工会根据这些判断来考虑是否继续建言。基于以上论述，本研究试图从社会信息加工理论的视角出发，探讨领导者表达拒绝的方式如何向员工传递不同的信号，并通过员工心理安全感影响其后续建言行为。

问题 6：在数字时代，当未采纳员工建议时，领导表达拒绝的方式对员工后续再建言影响的边界条件有哪些？

已有关于领导行为对建言影响的边界条件的研究较多关注员工个体方面（人格特质及工作态度等）（Liang、Fahr 和 Fahr，2012；Morrison、Wheeler-Smith 和 Kamdar，2011；张军成，2016），以及团队和组织方面（建言支持氛围、建言渠道等）（Dutton、Ashford 和 Miner-Rubino，2002；Morrison 和 Milliken，2000；Tangirala 和 Ramanujam，2008b）。然而，员工态度和行为并非独立于其所处的情境，员工与工作情境是相互影响的系统，个体与情境的连续交互会持续影响其心理状态和行为。本研究从个体与情境互动的视角探讨数字时代员工建言行为个体和领导前因变量的边界条件。子研究一选取个体对情境中组织政治的知觉作为调节变量，以探究组织政治知觉能否调节员工多重承诺对建言角色知觉的影响。子研究二和子研究三选择个体对情境中与领导互动关系的感知作为调节变量，目的在于探讨员工对领导成员交换关系的感知能否调节领导未采纳建言时的表达方式（解释具体性和幽默）对员工建言安全感的影响。

1.2.3 研究模型

基于以上对个体方面和领导方面研究问题的阐述，本研究提出以下综合模型，如图 1-1 所示。

1.3 研究意义

本研究从建言过程的视角，关注数字时代员工的多次建言行为，对建言行为前因变量的研究做出了以下贡献。

第一，在系统整合的视角下研究建言行为的前因变量、作用机制及其边界条件。已有研究多关注员工的单次建言行为，并假设员工会多次建言（Grant，2013），然而员工建言行为可能是一种偶发行为。数字时代提供了多样化的建言渠道，如企业社交平台、即时通信软件、内部论坛等，这些工具既降低了建言门槛，使员工能更便捷、即时地提出建议（Holland、Cooper 和 Hecker，2016），也增加了员工建言的频率和对即时响应的期待，同时要求组织有更高效的处理机制来应对高频次的建言输入。另外，数字技术使组织能够记录员工建言的历史数据，通过数据分析识别建言模式、评估员工参与度及建言质量，进而采取针对性措施进行激励或改进。这改变了以往对员工建言行为的静态观察，转而关注动态变化和长期影响。本研究挑战已有研究的假设，用一个系统整合模型综合探讨数字时代员工初次建言行为选择的个体前因，在此基础上探究数字时代领导者回应如何影响员工后续再建言行为，即通过“个体因素—员工初次建

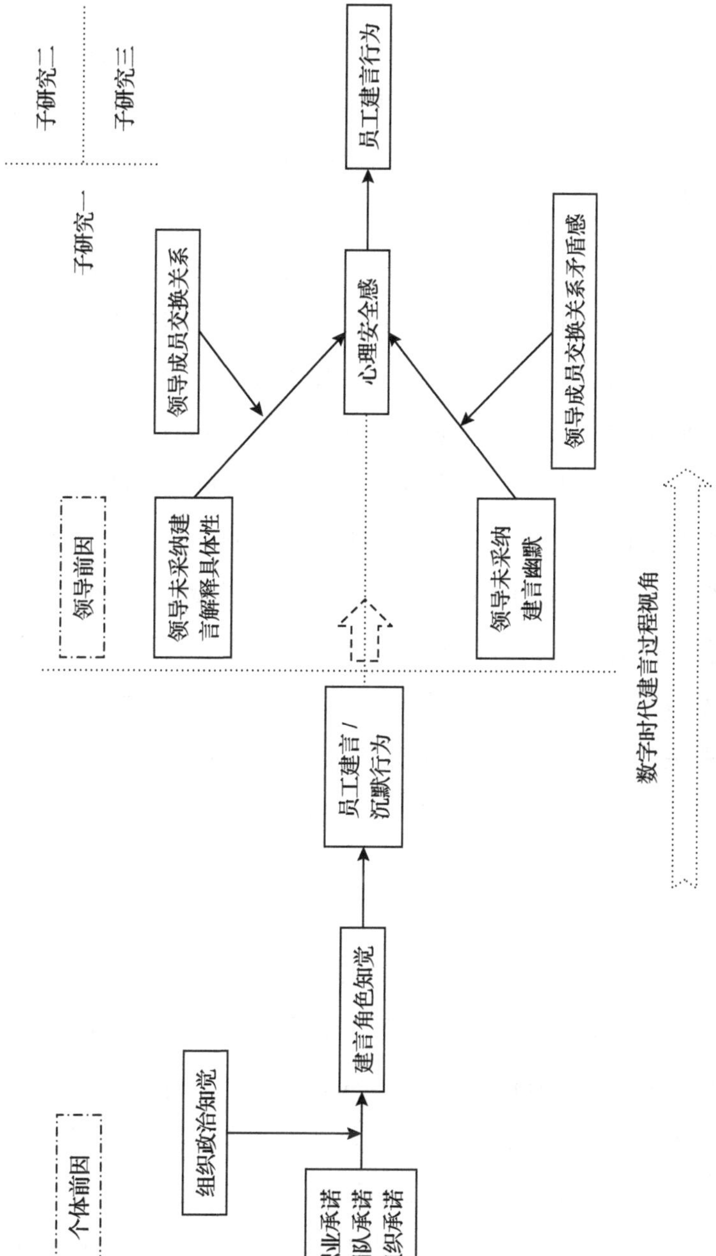

图 1-1 本研究的综合模型

言—领导未采纳建言—员工后续再建言”的链式过程，在一个系统整合模型中对数字时代员工建言行为的前因变量进行探讨，并考察其边界条件。基于建言过程视角有助于丰富对数字时代员工建言行为形成机制的理论研究，为全面认识数字时代员工建言行为的前因提供重要依据。本研究的结论也可以与已有研究的结论进行充分比较，从而完善建言行为前因变量的研究，并为后续研究提供一定的理论借鉴。

第二，重新审视数字时代领导者行为对员工建言行为的影响。作为一种角色外行为，建言行为体现员工的自主性，员工会根据外界环境反馈而选择是否采取建言行为（Detert 和 Burris，2007；Frazier 和 Fainshmidt，2012；Liu、Song、Li 等，2017；Morrison、Wheeler-Smith 和 Kamdar，2011；Tangirala 和 Ramanujam，2012）。领导对建言采纳与否对员工有更直接的意义，关系到建言在组织中的效用是否能够实现。已有研究关注领导对建言行为的采纳如何影响员工后续的态度和行为（章凯、时金京和罗文豪，2020）。数字时代要求更即时、透明的反馈机制，员工期望其建言能迅速得到响应。这种即时反馈循环可能缩短员工从提出建议到接收到反馈的时间，影响其对建言结果的满意度及未来建言的积极性。鉴于领导者无法采纳员工所有建议的情况普遍存在，本研究尝试探索数字时代领导未采纳员工建言时的表达方式如何对员工的后续再建言行为产生影响，从而弥补已有研究对此方面关注的不足。

第三，拓展员工承诺对员工建言行为影响的研究。尽管研究发现员工对组织的情感承诺有利于阻止员工保持沉默，促进其提出建议（Duan、Lam、Chen 等，2010；Thomas、Whitman 和 Viswesvaran，2010；Wang、Weng、McElroy 等，2014；Zhao，2014），但已有研究忽视了员工处于不同的社会身份时会对不同的对象产生承诺。在数字时代，员工承诺的形式变得更加多元化。除了传统的组织承诺外，还包括团队承诺、职业承诺以及技术承诺（对使用的技术工具的偏好和掌握）。这种多元化影响了员工建言的方向和内容。本研究引入员工会同时拥有多种承诺的观点，揭示了承诺对象差异对建言角色知觉的不同影响。本研究结果凸显了单独就组织承诺解释员工建言行为的不足，表明了在员工建言行为研究中探索员工多重承诺的必要性。另外，在更广泛的层面，也可以为组织行为学中员工态度和行为影响因素的研究提供一定的借鉴。

第四，丰富影响数字时代员工建言行为的边界条件的研究。已有研究对影响员工建言行为的边界条件的探讨主要聚焦于个体特征（如主动型人格、员工代际差异、工作满意度、团队认同感等）（于岩平、卢晴和王平，2020；张军成，2016；Liang、Fahr 和 Fahr，2012；Morrison、Wheeler-Smith 和 Kamdar，2011）、组织特征（如建言渠道、团队规模和结构等）（Morrison 和 Milliken，2000；Tangirala 和 Ramanujam，2008b），而较少从个体与情境互动的视角进行讨论。例如，远程工作和灵活工作安排的普及要求以新的方式来建立和维持员工承诺。在虚拟环境中，员工可能更难感受到组织文化和社会支持，这可能影响其建言行为，但数字工具的使用也可能创造新的沟通和参与渠道，促进远程建言行为。本研究的三个子研究都是从个体与情境互动的视角选取调节变量，子研究一关注个体对组织政治的感知如何影响不同承诺类型员工对建言角色的知觉，子研究二和子研究三关注数字时代个体对与领导互动关系的感知如何影响员工对领导未采纳建言表达方式的理解，进而如何影响其后续建言安全感知。这些研究有助于拓展对数字时代员工建言行为边界条件的理解。

1.4 结构安排与技术路线

本书的研究框架和章节安排如下。

第 1 章，绪论。本章基于现实与理论背景，提出研究问题并剖析研究意义，阐述章节安排与技术路线。结合员工建言行为前因变量的研究现状，通过论述已有研究的不足和数字时代企业管理实践中的真实问题来说明本研究综合模型的重要性，进而阐述本研究的理论意义。同时，紧密围绕本研究的问题安排全书的框架结构和章节布局。

第 2 章，文献综述。本章系统梳理与本研究核心变量相关的理论成果，包括：员工建言行为的概念、分类及数字时代员工建言行为的特征、影响因素与作用效果；领导者对员工建言行为的回应；员工多重承诺（职业承诺、组织承诺、团队承诺）的概念界定与研究进展；领导幽默的概念、分类及特点。通过文献梳理，为后续研究假设的提出奠定理论基础。

第 3 章，研究设计。本章主要介绍本研究的总体框架、各子研究的内容、研究方法等。

第 4 章，数字时代员工多重承诺对员工建言的影响（子研究一）。本章聚焦数字时代员工初次建言行为个体方面的影响因素，探讨数字时代员工多重承诺，即职业承诺、组织承诺和团队承诺如何同时对员工建言选择产生影响。基于角色理论提出研究假设，并阐述样本数据收集程序、测量工具、统计分析技术、数据分析结果和研究结果讨论等。

第 5 章，数字时代领导未采纳建言解释具体性对员工建言的影响（子研究二）。本章聚焦数字时代员工再建言行为领导方面的影响因素，探讨数字时代领导未采纳建言时提供解释的具体程度对员工后续再建言行为的影响。基于社会交换理论提出研究假设，并阐述样本数据收集程序、测量工具、统计分析技术、数据分析结果和研究结果讨论等。

第 6 章，数字时代领导未采纳建言幽默对员工建言的影响（子研究三）。本章也聚焦数字时代员工再建言行为领导方面的影响因素，探讨数字时代领导未采纳建言时的幽默程度对员工后续再建言行为的影响。基于社会信息加工理论提出研究假设，并阐述样本数据收集程序、测量工具、统计分析技术、数据分析结果和研究结果讨论等。

第 7 章，讨论与结论。本章主要是总结所有子研究的结论，探讨本研究的理论贡献，并基于此提出实践指导意义。另外，总结了本研究的局限性，探讨了未来的研究方向。

本研究的技术路线如图 1–2 所示。

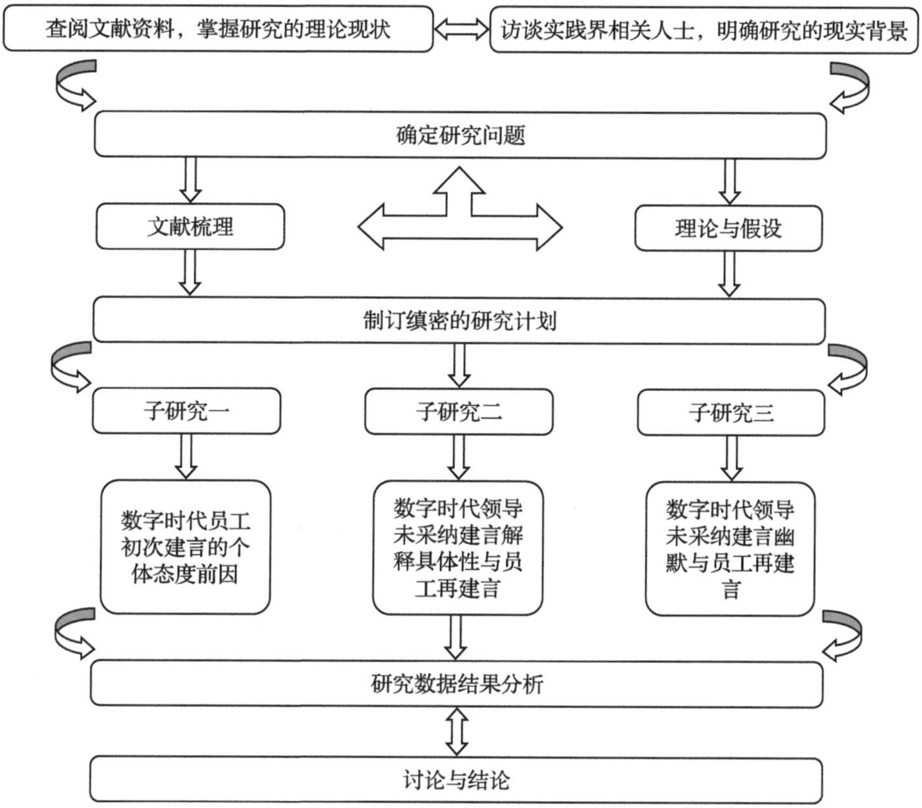

图 1-2 本研究的技术路线

第 2 章

文献综述

2.1 员工建言行为

2.1.1 概念界定与相关概念辨析

（一）概念界定

员工建言行为（Employee Voice Behavior）的研究可追溯至 Hirschman（1970）提出的 EVLN 模型（Exit，Voice，Loyalty，Neglect），该模型将员工在低工作满意度下的反应归纳为离职（Exit）、建言（Voice）、忠诚（Loyalty）、忽视（Neglect）四类。其中，“建言”指员工向上级直接表达自己的不满并提出相应的建设性意见。Hirschman（1970）提出的框架是后续再建言行为研究的基础。之后，Dyne、Cummings 和 Parks（1995）首次将员工建言行为界定为具有挑战性的工作角色外行为，为后续研究员工建言行为奠定了基础。

后来的学者们对员工建言行为提出了不同的定义。Van Dyne 和 LePine（1998）强调建言行为的目的是促进改变，认为建言行为是表达具有建设性和挑战性的想法，旨在改善现状而不仅是批评。在此基础上，Van Dyne、Ang 和 Botero（2003）认为建言行为是有意识地表达而非隐瞒可能改进工作的想法、信息和观点。同时，Premeaux 和 Bedeian（2003）则强调建言行为是以公开的方式在工作场所表达看法，包括对他人行为的想法、改变现状的建议，以及解决工作问题的不同思路等。另外，Detert 和 Burris（2007）突出建言行为的挑战性特征，认为建言行为是向组织内部具有权威的人自发地传达改善组织功能的信息，尽管这些信息可能会挑战组织现有秩序和权威者地位。以上学者的定义都从不同的视角强调了建言行为某方面的特征。

Morrison（2011）在总结已有员工建言行为定义的基础上，提出建言行为是指以改善组织运行为目的，自发表达与工作相关的想法、建议和观点的具有一定挑战性的行为。根据此定义，建言行为的对象既可以是上级领导，或者组织内其他有决策权的管理者，即向上建言；也可以是同一团队内部的其他同事，即平行建言。虽然不同学者对建言行为的具体表述和突出重点不同，但总结这些定义可以发现，建言行为具有以下三个共同的重要特征（Morrison，2011）。第一，建言行为是一种自发的工作角色外行为。该行为并不属于工作说明书中所规定的职责内容，因此个体可以在任何特定时刻自主选择是否采取这种行为，并且这一选择受到个体、团队、组织或者社会环境等诸多因素的影响。第二，建言行为的目的是建设性的。建言行为旨在带来积极改变，期望解决工作中遇到的问题，提升团队和组织运行效率。第三，建言行为是具有一定挑战性的行为。建言通常是提出组织管理现状中的问题，因而会挑战管理者的权威。

（二）相关概念辨析

组织管理研究领域有一些与员工建言行为相近的概念，为了更好地理解员工建言行为，需要对这些概念进行辨析。在 20 世纪 70 年代到 80 年代之间，有许多关于上行沟通（Upward Communication）的研究。上行沟通是指在组织中任何与决策有关的信息从下级到上级进行传递的过程（Glauser，1984）。相比建言行为，上行沟通概念涵盖的范围更广，因为从信息沟通的内容来看，上行沟通包含上下级之间的任何信息沟通（如与任务相关的沟通等），而建言行为的概念则聚焦于有利于改进组织效率的建设性信息内容。

此外，也有很多关于揭发行为（Whistle-Blowing）的理论构建以及实证研究。揭发行为是指在编或者已离职的员工，向能够采取行动的个人或者机构披露组织内部不道德的、违规的或不正当的事情的行为（Miceli、Near 和

Dworkin，2008）。从目的来看，揭发行为和抑制性建言行为的目的都在于制止破坏性行为，但是揭发行为与建言行为的概念也有所不同，区别主要体现在以下三个方面：其一，揭发行为不仅包括在组织内部的交流，也包括向组织外部的第三方进行揭发，而建言行为只发生在组织内部；其二，从内容上来看，揭发行为只针对组织内部不道德或者不恰当的信息，而建言行为所涉及的信息内容要更广；其三，从结果上来看，建言行为有利于改进组织流程，而揭发行为有利于社会或者利益相关者，但是不一定会对组织有利。

与员工建言行为概念相近的还有上谏行为（Issue Selling）。上谏行为指的是员工试图引起上级对影响组织绩效的关键趋势、发展以及事件的注意（Dutton、Ashford、O'Neill 等，2001）。上谏行为属于建言行为的一个子集（Subset），相比建言行为，上谏行为特别针对组织层面战略问题的相关信息。

主动性行为（Proactive Behavior）是指个体为改进现状所采取的一种有预见性且自发的行为（Crant，2000）。主动性行为关注未来和变革，旨在影响自我、他人和组织等多方群体。相比建言行为，主动性行为的内涵更加广泛，涵盖反馈寻求行为、员工主动社会化行为、角色外行为、主动改进工作方法等。另外，主动性行为和建言行为关注的重点有所不同，主动性行为强调预见性地对可能的问题进行反应，变革性地主动引导事情的发展，而建言行为则强调就工作问题提出建设性意见。

2.1.2　员工建言行为的分类

通过对已有研究的梳理可以发现，学者们从多个视角对员工建言行为的维度和分类进行了探讨。从建言动机的视角，Van Dyne、Ang 和 Botero（2003）将建言行为划分为默许型建言（Acquiescent Voice）、亲和型建言（Prosocial Voice）和防御型建言（Defensive Voice）三类。亲和型建言是指基于合作的动机，表达与工作相关的想法、信息或意见的行为。亲和型建言是主动的、自发的，且主要目的是利他。防御型建言是指基于恐惧心理，为了保护自己免受惩罚而提出与工作相关的想法和建议的行为。进行防御型建言的员工可能会在获得成就时突出自己的贡献，将成就归功于自己，而在遇到工作问题时将责任归咎于他人。默许型建言是指基于顺从的动机，表达与改进工作相关的想法的行为。默许型建言通常是员工感觉到不能做出改变、有所作为之后而选择的一种行为，是三种建言中主动性程度最低的。

研究者们使用较多的是 Liang、Farh 和 Farh（2012）提出的建言分类。他们根据建言目的，将建言分为促进性建言（Promotive Voice）和抑制性建言（Prohibitive Voice）两类。促进性建言是指员工为提高组织效率或改进团队运行而提出新想法和意见的行为。抑制性建言则是员工对不利于组织的工作实践等表达担忧并提出相应对策和建议的行为。从内容上来看，促进性建言关注未来的理想状态，通过提出创新性的解决办法推动改进；抑制性建言则侧重用警示性的信息来发现问题，以防止破坏性的事情发生。

在 Liang、Farh 和 Farh（2012）对建言行为分类的基础上，Maynes 和 Podsakoff（2014）进一步根据“促进 – 抑制”和“保守 – 挑战”两个维度将建言行为分为以下四种类型。第一类，支持性建言（Supportive Voice），是指自发地表达对工作相关的有价值的政策、项目和程序等的支持的行为，或者当这些政策遭受到不公正的批评时为其辩护。第二类，建设性建言（Constructive Voice），是指在工作中主动表达提升组织效能的想法、信息或者观点的行为。第三类，防御性建言（Defensive Voice），是指自发地表达对组织改革相关的政策、程序和实践等的反对的行为，即使这些改革是必要的。第四类，破坏性建言（Destructive Voice），是指批评和贬低组织政策或者实践的行为。

另外，也有学者对建言行为在不同文化背景下的差异进行了探索。段锦云和凌斌（2011）基于中国文化背景下中庸思维的影响，提出中国情境下的两种建言分类，即顾全大局式建言和自我冒进式建言。基于个体不同的心理需求，顾全大局式建言是为了与外部环境进行融合而采取的建言行为，而自我冒进式建言则是为了满足突出自我的需要而采取的建言行为。

除上述使用相对较多和较有代表性的建言行为分类之外，也有学者从其他研究视角提出了一些分类方式。例如，学者 Janssen、Vries 和 Cozijnsen（1998）

从建言内容的视角，将建言行为分为提出常规性建议（Voice Conventional Ideas）和提出创新性建议（Voice Novel Ideas）两类。Hagedoorn、Yperen、Vliert 等（1999）从建言性质的视角，将建言行为分为众利型建言（Considerate Voice）和利己型建言（Aggressive Voice）。其中，众利型建言倾向于兼顾个人、团队和组织的共同利益，而利己型建言仅考虑个人利益。Liu、Zhu 和 Yang（2010）从建言对象的视角，将建言行为分为面向上级的建言和面向同事的建言。Klaas、Olson-Buchanan 和 Ward（2011）从建言渠道的视角，将建言行为分为正式建言和非正式建言。其中，正式建言是指通过组织正式的意见收集渠道、投诉或者检举机制等提出建议，而非正式建言则是通过平时闲聊等方式表达意见。Isaakyan、Sherf、Tangirala 等（2020）根据提建议的场合，将建言行为分为公开建言（Public Voice）和私下建言（Private Voice）两种类型。这些分类在一定程度上丰富了有关建言行为维度的研究。

2.1.3　数字时代员工建言行为的特征

数字时代员工建言行为的概念内涵体现了更高的技术集成度、更强的交互性、更广泛的参与度以及更灵活多样的表达形式，这些特殊性要求组织在管理和鼓励建言行为时，必须充分考虑数字技术的影响，构建更加开放、包容和支持性的环境。

（1）平台多元化与即时性：在数字时代，员工建言不再仅限于面对面的会议或书面报告，而是通过电子邮件、企业社交网络、即时通信软件、在线协作平台等多种数字渠道进行。这不仅提高了建言的即时性，还使得建言过程更加灵活和持续，员工可以在任何时间、任何地点提出建议。

（2）公开透明与匿名性并存：数字平台的特性允许员工在公开场合或匿名状态下提出建议，这既增加了建言的可见性，便于集思广益，又保护了个别员工免受直接的社交压力，鼓励更真实、大胆的想法表达。

（3）数据驱动与证据支持：数字工具使员工能够更容易地获取和分析数据来支持其建言，建言内容往往更具说服力。这种基于证据的建言提高了决策的科学性和效率。

（4）跨边界与网络化建言：数字技术打破了组织内部的物理和职能界限，促进了跨部门、跨层级甚至是跨组织的建言与合作。员工可以轻松地与其他团队或外部专家交流，形成网络化的建言生态系统。

（5）个性化与定制化：数字技术使得组织能更精准地把握员工的个人偏好、技能和背景，员工建言行为可能因此变得更加个性化。员工能够针对特定情境和人群"量身定制"建议，增加建议的相关性和实施可能性。

（6）反馈循环的加速：数字化缩短了建言的反馈周期，员工可以更快得知其建议的处理状态和结果，这种即时反馈机制有助于调整和优化后续建言，形成持续改进的闭环。

（7）持续学习与迭代创新：在快速变化的数字环境中，员工建言不仅是提出解决问题的方案，也能够推动组织持续学习和快速迭代。鼓励员工不断建言，有助于提高组织的适应性和创新能力。

2.1.4 员工建言行为的影响因素

总体来说，国内外学者有关员工建言行为前因变量的研究可以归纳为两个维度，即个体因素（Individual Factors）和情境因素（Contextual Factors）（Morrison，2011）。

（一）个体因素

从个体因素方面来看，员工建言行为主要受个体人格特质、人口统计学特征、个体态度以及认知和情绪等因素的影响。

（1）个体特质。在人格特征对个体建言行为的影响方面，研究表明，尽责性和外倾性高的员工更有可能建言，而随和性和神经质高的员工通常不愿意建言（LePine 和 Van Dyne，2001）。另外，高主动性人格和责任导向更强的个体更愿意提出建设性意见（梁建和唐京，2009；Tangirala、Kamdar、Venkataramani 等，2013）。类似地，有研究发现，当员工对进行建设性改变有更高责任感知的时候，员工有更强的动力思考有关改进工作流程的信息，增加发现改进方法的机会，进而促进员工建言（Fuller 和 Hester，2010）。

也有学者发现个体调节焦点会影响建言类型，如 Lin 和 Johnson（2015）的研究就发现高促进焦点的员工有更强的改进现状的意愿，会更倾向于采取促进性建言行为，而高防御焦点的员工则更关注问题的预防，因而更可能有抑制性建言行为。此外，Tangirala 和 Ramanujam（2008a）的实证研究发现，个体自我控制感（Personal Control）与员工建言行为呈现 U 型关系，原因在于：一方面，员工有对工作环境进行控制的基本需求，建言行为有助于减少对低控制感的不满意程度；另一方面，高控制会提高员工通过个人行动有效解决工作场所问题的期望。因此，低个体控制感与员工建言行为负相关，而随着个体控制感的增加，则会有更多的建言行为。

员工人口统计学特征也会对个体建言行为产生重要影响。段锦云、张晨和徐悦（2016）有关个体人口统计学特征和建言行为的元分析比较有代表性。他们对 81 篇中英文文献的 39118 个样本量进行了元分析，发现年龄越大以及在组织内工作年限越长的员工会有更多的建言行为。此外，受教育程度越高的员工更愿意提意见。然而，性别与建言行为的相关性并不显著。职位越高的员工，有更高的责任感知，因而更愿意参与对组织有益的建言行为。

（2）个体态度等其他个体因素。越来越多的研究表明个体态度差异是影响员工建言行为的重要因素，其中，心理安全感和建言效能感是最核心的两个影响因素。诸多研究表明，心理安全感和建言效能感能正向影响员工建言行为（段锦云和魏秋江，2012；于静静、蒋守芬和赵曙明，2015；Morrison，2011；Morrison，2014；Walumbwa 和 Schaubroeck，2009）。此外，高心理授权感知会增加员工建言行为（Frazier 和 Fainshmidt，2012）。然而，员工与组织的心理偏离则会负向影响员工建言行为（Detert 和 Burris，2007）。

员工认同也是影响员工建言行为的重要态度因素。较多的研究表明，员工对组织的认同会正向促进员工建言行为（Morrison 和 Milliken，2000；Qi 和 Ming-Xia，2014；Tangirala 和 Ramanujam，2008a）。然而，也有研究指出，员工认同对建言行为的影响并不能一概而论，员工对不同对象的认同对建言行为及建言内容会产生差异化的影响。例如，Liu、Zhu 和 Yang（2010）的实证研究就发现，社会认同感高的员工更倾向于向同事建言，使同事受益，而对领导认同感高的员工则更倾向于向上级建言。此外，Burris、Rockmann 和 Kim（2017）的质性研究提出，个体具体的认同目标，即对所在组织的认同还是对更广泛的职业的认同会影响个体建言的内容，因为对不同目标的认同会影响个体在提出建言时是否会考虑资源问题及相关障碍。

员工满意度是影响员工建言行为的另一个重要态度因素。但有关员工满意度与员工建言行为的研究结论并不一致。有研究发现，高工作满意度会正向影响员工建言行为（Liang、Farh 和 Farh，2012；Morrison、Wheeler-Smith 和 Kamdar，2011）。然而，阎亮和马贵梅（2018）则通过实证研究发现，工作满意度正向影响促进性建言，但与抑制性建言呈 U 型关系。他们指出，根据社会交换理论，作为对组织的回报，工作满意度高的员工有更强的动机向组织提出促进性建言和抑制性建言，然而对于工作满意度低的员工，为了在工作中获得更多收益，其有较强的动机对所处的工作环境进行改善，因而会增加其抑制性建言行为。

此外，员工的认知也会影响其建言行为。例如，Janssen、Vries 和 Cozijnsen（1998）的研究表明，认知风格偏好会影响员工建言行为。其中，善于创新的个体的认知较少局限在特定领域，更可能用跨越认知边界的思维方式寻找解决方案，进而表现出更多的建言行为。

最后，员工情绪对其建言行为也会产生影响。有研究表明，强烈的恐惧可能会使员工保持沉默，而愤怒则会阻止员工保持沉默（Kish-Gephart、Detert、Trevino 等，2009）。然而，Grant（2013）则认为，那些可以激发员工表达意见的情绪（如愤怒、沮丧）反而可能会削弱他们表达意见的能力。他发现，有更多情绪管理知识的员工不仅建言的频率更高，而且建言能使领导给出更高的绩效评价。另外，也有研究表明，员工建言行为受到领导和下属情绪感知匹配的影响。李树文和罗瑾琏（2020）发现，当领导和下属感知及理解情绪的能力同高的时候，更有助于增强下属的内部人身份感知，进而促进下属的促进性和抑制性建言。

（二）情境因素

从情境因素方面来看，员工建言行为主要受领导风格、领导者行为、团队和组织方面因素的影响。

（1）领导风格。国内外学者围绕不同类型领导风格对员工建言行为的影响进行了大量探索。多数研究发现，有效且积极的领导风格会通过不同的机制对员工建言行为产生正向影响。其中，研究得比较多的领导风格有道德型领导、变革型领导和交易型领导。具体来讲，道德型领导会向员工传达高道德标准的要求，因而不仅会激励员工提出道德方面的建议，而且会激励员工就工作流程等方面建言献策（Qi 和 Ming-Xia，2014；Walumbwa 和 Schaubroeck，2009）。变革型领导能够激励员工增加对集体目标的承诺和责任感，鼓励员工从新角度看待老问题，给员工更多自主权去沟通和发现组织问题，因此会促进员工建言行为（段锦云和黄彩云，2014；Detert 和 Burris，2007；Duan、Li、Xu 等，2017；Liu、Zhu 和 Yang，2010）。交易型领导则通过鲜明的奖惩机制对员工的行为产生影响。一方面，交易型领导会对为组织提出有效建议的员工进行肯定，并给予更高的绩效评价；另一方面，对于没有及时指出可能会危害组织发展的问题的员工，交易型领导可能会对其进行批评或责罚。因此，交易型领导会正向促进员工建言行为（贾明媚、张靓婷和王琼，2020）。

除上述三种领导风格以外，也有研究关注其他类型的领导风格对员工建言行为的影响。例如，有研究认为真诚型领导更清楚自身的优势和劣势，更可能承认自己在决策和解决问题时的局限性，进而更愿意接受员工的想法和建议，有利于增强员工对领导的信任和分享自己观点的意愿，因此真诚型领导会正向影响员工建言行为（Hsiung，2012）。情感型领导通过增强员工心理安全感的方式正向影响员工的促进性和抑制性建言（于岩平、卢晴和王平，2020），而自我牺牲型领导通过增强员工对领导的认同感的方式，促进员工的建言行为（姚楠、张亚军和周芳芳，2019）。另外，齐蕾、刘冰和魏鑫（2019）则发现包容型领导有助于在团队内部营造充满关怀的伦理氛围，进而促进员工的建言行为。

朱玥和王晓辰（2015）发现服务型领导能通过改善领导成员交换关系的方式促进员工建言。然而，辱虐型领导与员工建言行为呈负相关（Burris、Detert 和 Chiaburu，2008）。

此外，也有研究关注不同领导风格的结合对员工建言行为的影响。例如，李树文、罗瑾琏和梁阜（2020）基于社会交换理论和领导距离理论，提出“双元型领导行为”（Ambidextrous Leadership）的概念，指出交易型领导和变革型领导的组合，可以通过提高员工的内部人身份感知，进而促进其建言行为。Zhang、Huai 和 Xie（2015）则指出，在中国情境下，家长式领导中的仁慈领导和德行领导会通过改善领导成员交换关系的方式正向影响员工建言行为，而威权领导则会削弱员工的自我地位感知，进而负向影响员工建言行为。

（2）领导者行为及其他因素。除领导风格以外，也有一些研究关注日常工作沟通中领导者行为与员工建言行为之间的关系。研究表明，领导具有开放性、平易近人，愿意关心且倾听员工的意见，并公正考虑员工的想法和建议等都会促进员工建言（谢江佩、朱玥、施荣荣等，2020；Detert 和 Burris，2007；Premeaux 和 Bedeian，2003）。类似地，周晔、黄旭和谢五届（2020）发现，在与上级沟通的过程中，当下属感知到被公平对待的程度较高时，资质过剩的下属更可能建言。Miceli、Near 和 Dworkin（2008）也发现领导支持程度越高，员工越可能就重大问题发表意见。Tangirala 和 Ramanujam（2012）认为，领导者向下属倾听和征求工作相关建议的行为，会增强下属在工作场所的自我影响力感知，进而促进其建言行为。另外，领导的反馈行为会影响员工建言。例如，隋杨、张悦和陈琴（2019）的研究发现，领导的发展性反馈有利于提升下属的积极情绪，进而正向影响下属的建言行为。最后需要指出的是，员工建言行为不仅会受到直属领导行为的影响，也会受到跨级领导者（Skip-Level Leaders）行为的影响（Detert 和 Treviño，2010）。

此外，领导成员交换关系也会影响员工建言行为。高质量的领导成员交换关系会削弱员工的回避意愿，促进员工建言（Burris、Detert 和 Chiaburu，2008），并且员工感知到的领导成员交换关系程度越高，越有助于员工进行促进性和抑制性建言（潘亮和杨东涛，2020）。领导者情绪也会对员工建言行为产生影响。Liu、Song、Li 等（2017）的研究发现，领导者积极的情绪状态对员工建言行为有正向影响。同样地，领导者的人际情绪管理能力越强，越有助于提高下属对领导的信任程度，从而促进下属的建言行为（王晓辰、李佳颢、吴颖斐等，2020）。

（3）团队和组织方面的因素。从团队方面来看，当团队中的成员拥有共同的信念，认为表达建议、观点和想法是安全且有价值的时候，团队中的成员就会更多地参与到建言行为中（Frazier 和 Fainshmidt，2012；Morrison、Wheeler-Smith 和 Kamdar，2011）。孙健敏、尹奎和李秀凤（2015）的研究发现，同事信任以及职场友谊均正向影响员工的促进性和抑制性建言行为。刘巨钦和宗博强（2019）的实证研究发现，职场排斥通过削弱员工组织自尊的方式负向影响员工建言行为。另外，团队构成特征也会影响员工建言行为。LePine 和 Van Dyne（1998）的研究表明，自我管理式团队的建言行为频率更高。

从组织方面来看，首先，组织政策会影响员工建言行为。例如，胡恩华、章燕、单红梅等（2018）从劳动关系的视角发现，工会承诺对员工的促进性和抑制性建言均有正向促进作用。从战略人力资源管理系统的视角来看，高承诺工作系统会通过一系列管理实践增强员工对组织的承诺，员工基于互惠交换会增加上行以及平行建言行为（段锦云、施嘉逸和凌斌 2017；苗仁涛、周文霞、刘丽等，2015）。其次，组织内部的建言渠道会影响员工建言行为。低官僚主义、多样的正式的建言渠道有助于上行沟通（Glauser，1984）。同样地，Morrison（2011）认为组织建言渠道会促进下属建言。最后，组织中的结构网络也会影响员工建言行为。Venkataramani 和 Tangirala（2008b）认为，处在任务流中心（Work-Flow Centrality），即在团队关系网中处于中心位置的员工，其在团队内的个人影响力更强，从而更有可能建言。另外，Ng 和 Feldman（2012）总结指出，工作场所中存在三种类型的压力，即工作相关的压力（如缺乏工作自主性、工作缺乏挑战性、对晋升或工资不满意）、社会相关的压力（如与领导或者同事关系紧张、领导不公平对待下属、对同事或者领导不满意）、组织相关的压力（如程序或者分配不公平、缺少组织支持、害怕遭受报复、对组织的情感疏离）。他们的元分析结果显示，这三种类型的压力均与员工建言行为负相关。

（三）数字时代员工建言行为影响因素的特征

数字时代员工建言行为的前因要素展现出了若干特殊性，这些变化主要源于技术进步、组织结构和文化的演变，以及员工工作方式的变化。

（1）技术赋权与信息可达性：数字技术提供了前所未有的信息获取和分享能力，使得员工能够更容易地获取到组织内外部的知识和信息，从而强化了他们提出创新和改进意见的基础。这种技术赋权增强了员工建言的自信和能力。

（2）虚拟团队与跨地域合作：数字化促进了远程工作和虚拟团队的兴起，员工在不同地点、时区和文化背景下协作，这给建言行为带来了新的挑战和机遇。员工需要适应新的沟通方式，同时，跨文化建言和全球视角的融入成为新的前因要素。

（3）组织透明度与开放性：数字平台增强了组织内部的透明度，员工可以更容易地了解到组织的决策过程和战略方向，这增强了员工对组织目标的认同感，也提高了他们基于组织战略提出建议的可能性。

（4）即时反馈与持续迭代：在数字时代，反馈循环大大加快，员工可以迅速获取建言反馈，这种即时性激励员工持续建言，同时也要求他们具备快速学习和适应能力。

（5）个性化激励与自主性：数字技术使组织能够更精确地识别员工的个性化需求和偏好，从而设计出定制化的激励措施，鼓励员工根据自身兴趣和专长提出建议，增强员工的自主性。

2.1.5 员工建言行为的作用效果

员工建言行为的作用效果主要包括对个体、团队和组织的影响。

（一）个体方面

员工建言行为对个体会产生积极和消极两个方面的影响。一方面，建言行为可以增强个体在工作中的控制感，进而减少压力感知，增加工作满意度

（Parker，1993）。同时，能够表达自己的观点会使员工拥有更积极的态度，特别是当员工遭遇苛待的时候，提建议有利于其心理和身体健康（Cortina 和 Magley，2003）。另一方面，建言行为也可能给个体带来消极影响。建言者可能会遭到同事的抱怨。建言行为会降低建言者的可信度，损害建言者的公众形象（Milliken、Morrison 和 Hewlin，2003；Tepper、Duffy、Hoobler 等，2004），引起人际关系紧张（Dutton、Ashford、O'Neill 等，2001）。建言行为也会挑战领导者的权威，可能不利于员工的职业发展。

已有关于员工建言行为与领导对其绩效评价关系的研究，尚未形成一致结论。一方面，有学者认为员工建言行为会负向影响其绩效评价。例如，Seibert、Kraimer 和 Crant（2010）的实证研究发现，员工建言与其两年后的晋升和薪资均负相关。另一方面，有学者也发现员工建言行为会正向影响其绩效评价。例如，Whiting、Podsakoff 和 Pierce（2008）认为环境的不确定性要求组织进行快速反应，领导者倾向于将员工建言作为员工工作绩效的组成部分，并且会认为勇于建言者对组织有更高的承诺，因此员工建言行为会正向影响其绩效评价。

已有研究在员工建言行为与绩效评价关系上存在结论分歧，这促使学者们开始探索其边界条件。学者们认为，员工建言行为与绩效评价的关系受建言内容、建言者、领导者等因素的影响。从建言内容方面来看，通过实验研究，Whiting、Maynes、Podsakoff 等（2012）发现当员工提出的建议包含解决方案，或者当建言者被认为非常值得信赖的时候，建言者会获得领导更高的绩效评价。另外，Burris（2012）发现，相比支持性建言，领导对频繁进行挑战性建言的员工的绩效评价更差。从建言者方面来看，Grant（2013）发现若员工提建议时能更有效地控制自己的情绪，则领导者对其的绩效评价会更高。Burris、Detert 和 Romney（2013）则发现，当建言者自己及其领导一致认为建言者进行的是高水平建言的时候，建言行为更可能带来高绩效评价。然而，当建言者对自己建言水平的评价高于其领导评价的时候，就会带来相反的结果。此外，唐汉瑛和龙立荣（2019）发现，下属的建言行为对其工作绩效的影响受领导谦卑程度调节，领导谦卑程度越高，下属的建言行为对其工作绩效的正向影响越强。

（二）团队和组织方面

有关员工建言行为对团队层面影响的研究主要聚焦在团队绩效方面。已有关于员工建言行为与团队绩效关系的研究尚未形成一致结论。有学者指出为促进团队及组织优化提出创新性的建议，并对标准操作程序提出修改建议，可以持续改进团队内部的问题（Van Dyne 和 LePine，1998），因此团队内部有更多员工愿意分享自己的想法和建议会提升团队绩效（Detert、Burris、Harrison 等，2013）。然而，也有学者认为，一方面，员工建言有利于团队发现问题，并提供解决问题的信息，有助于提高团队决策质量，提升团队绩效；另一方面，团队内部过多的挑战现状的建议也可能引发同事的负面情绪反应，增加团队内部的不确定性和关系冲突，不利于团队任务绩效的提升。类似地，MacKenzie、Podsakoff 和 Podsakoff（2011）的实证研究发现，团队内部建言行为与团队任务绩效呈倒 U 型关系。同样地，邓今朝、黄中梅和余绍忠（2015）的实证研究也发现，员工建言行为与团队绩效呈倒 U 型关系。

在组织层面，员工建言行为不仅可以识别和改进组织中的低效流程（LePine 和 Van Dyne，1998）、促进组织学习（Morrison 和 Milliken，2000）、提升组织有效性（Detert、Burris、Harrison 等，2013）、提升组织绩效（Argote 和 Ingram，2000），而且有利于提高组织适应环境变化的能力（LePine 和 Van Dyne，2001）、发掘潜在的商业机会（Dutton 和 Ashford，1993）。Morrison 和 Milliken（2000）基于团队决策制定、组织学习和创新理论指出，向上建言有助于更好地发现错误和更有效地组织决策。另外，Kim、MacDuffie 和 Pil（2010）的实证研究表明，团队建言水平会显著正向影响组织的劳动生产率。

（三）数字时代员工建言行为作用效果的特征

随着信息技术的飞速发展、组织结构的灵活化以及工作模式的变革，数字时代员工建言行为的作用效果呈现以下特性。

（1）更广泛的影响范围：数字平台使得员工建言可以迅速传播至组织内外更广泛的群体，增强了建言的可见性和影响力。员工的建议不仅能直接影响团队，还能触及跨部门场景，甚至影响客户和合作伙伴，从而促进更广泛的创新和改进。

（2）即时反馈与快速响应：数字技术使得组织能快速收集、分析员工建言并给出反馈，缩短了从提议到实施的周期。这种即时性增强了建言的实际效果，促进了快速迭代和持续改进。

（3）数据支持的决策与验证：员工建言更多基于数据和事实，提高了建议的可信度和实施的成功率。数字工具使得员工可以更容易地收集和分析数据来支撑其建议，从而提高决策质量。

（4）透明度与信任的增强：数字时代的企业文化更倾向于开放和透明，员工建言的公开性可以提升组织内的信任水平，促进形成正向的组织氛围，使得建言更容易被接受和实施。

（5）跨地域与跨文化的合作：数字技术打破地域限制，促进全球团队的协作。员工建言可能包含跨国界的视角和经验，促进更广泛的文化交流和创新，但同时也要求更高水平的沟通和协调能力。

（6）个性化激励与参与感提升：数字技术使组织能更精准地识别员工的贡献并提供个性化激励，增强员工的参与感和归属感，进一步激发其建言行为。

2.2 领导对员工建言行为的回应

上文总结了员工建言行为对个体、团队和组织等诸多方面的积极影响，然而管理者未必总是积极鼓励员工建言。在管理实践中，我们发现有很多管理者对员工的建言不予回应，甚至对主动寻求、奖励或采纳建言的行为表现出反感（Milliken、Morrison 和 Hewlin，2003）。在数字时代，以上行为可能会被强化，主要原因如下。第一，信息过载与选择性注意。数字时代的特点是信息量呈爆炸性增长，管理者面临着前所未有的信息过载问题（Holland、Cooper 和 Hecker，2019）。这可能导致他们无意识地采取选择性注意策略，优先处理自认为更紧迫或直接相关的事务，而忽略来自员工的有价值的建言。第二，数字沟通的去人格化。根据媒体丰富度理论（Media Richness Theory）（Suh，1999），不同的沟通渠道传递复杂信息和情感内容的能力存在差异。虽然数字通信工具如电子邮件、即时消息和企业社交平台增强了沟通的便捷性，但也可能导致沟通的去人格化，减少面对面交流的情感深度和非语言线索。这种去人格化的沟通环境可能削弱管理者对员工建言的人文关怀和积极响应，进一步抑制开放建言文化的形成。第三，透明度与期望管理。数字时代的透明度增加意味着员工对于组织内部的决策过程有更高的认知和期望。当管理者未能积极回应或奖励建言时，这种行为在数字平台上可能迅速传播并影响组织声誉，加剧员工的不满和挫败感。

领导者对员工建言行为的回应程度会受到建言类型、建言内容、建言者特征、领导者自身特征等因素的影响。Burris（2012）指出，相比挑战性建言，领导者更倾向于采纳支持性建言。他们认为，挑战性建言者通常会用较强势的方式提出建议，且挑战性建言一般可能暗含对领导者的批评，这些建议可能会引来组织内部更多人的关注。相对而言，支持性建言则是对保留现行政策的表达。对于领导者而言，在已有战略选择和决策流程上进行补充更为容易。领导者通常负责政策制定和实施，因此他们更可能会采纳那些没有明确挑战他们自己观点的建议。此外，Burris、Rockmann 和 Kim（2017）认为，建言内容也会影响领导者对员工建言的回应程度。他们通过质性研究总结出建言内容的三个维度，即进行改变的重要性、改变需要的资源和改变所需的依赖关系。通过实证研究发现，对于进行改变没有那么迫切、改变需要很多资源且牵涉较多利益相关者的建议，领导者会有更低的价值判断，因此采纳的可能性较小。

另外，领导者自身的特征也会影响其对员工建言行为的回应程度。Grant、Gino 和 Hofmann（2011）认为，高度外倾型（Extraverted）的领导通常会采取比较强势、果断的行为，而下属的主动性行为会挑战领导者，引发领导者和建言者之间的地位冲突，因而高度外倾型的领导对下属工作中的主动性行为的接受程度会更低。Fast、Burris 和 Bartel（2014）则发现，当领导者认为自身能力与管理者角色要求不匹配的时候，领导者会更倾向于将下属建言当成威胁，他们认为下属提建议的行为表明自己并未履行好管理者的角色，不符合下属的角色期望，因而对下属建言会产生反感，进而更可能选择不采纳下属建议。

在数字时代，领导者对员工建言行为的回应程度可能会受到领导者数字化能力（Maheshwari 和 Yadav，2020）的影响。领导者对技术的熟悉度和适应性，会影响其有效利用数字工具接收、评估及响应员工建议的能力。另外，组织内部是否营造开放、透明的数字沟通氛围，直接影响员工建言的积极性和领导者的响应态度。远程工作和虚拟团队的普及要求领导者采用新的方式收集和响应员工意见（Wang、Chen 和 Yin，2024），这可能影响建言的过程和效果。而且数字工具作为沟通媒介，其使用可能影响领导者与员工之间的信任建立，从而影响建言的接受度。

综上，已有研究更多探究领导者对员工建言回应程度的前因变量，而较少关注数字时代领导者对员工建言的回应如何影响员工后续的态度和行为。领导可以直接采纳员工的建议，或者有意识地分配组织资源以支持员工的建议。数字时代领导者对员工建言行为的回应会影响员工对建言有效性的感知。领导者对员工建言行为的回应通常有两种类型，即采纳或者拒绝。有学者关注建言采纳如何影响员工后续建言。如章凯、时金京和罗文豪（2020）从整合动机和认知两个视角，指出领导者采纳下属建议会增强下属的建言效能感，同时增加下属对建言价值的感知，进而有利于该下属继续提出促进性建言和抑制性建言。然而，虽然在管理实践中，领导者无法采纳员工建言的情况是普遍且客观存在的（Milliken、Morrison 和 Hewlin，2003；陈琳、田晓明和段锦云，2019），已有研究却较少关注数字时代领导未采纳建言的情况。其中，较少的研究如 McClean、Burris 和 Detert（2013）发现，如果上级不能或者不愿意对下属提出的建议进行回应，那么会增加下属后续的离职倾向。另外，Deichmann 和 Ende（2014）调查了某国际能源公司累积 12 年的创造性想法数据库，通过对 908 位发起者（Initiators）的 1792 个创造性想法进行分析，意外地发现是领导者未采纳而非采纳发起者的想法，增加了其继续提出创造性想法的可能性。这些研究主要关注领导未采纳建言的行为，而较少探究数字时代领导未采纳建议时的表达方式对员工后续建言的影响，如是否提供具体解释、是否采用幽默的方式拒绝。

2.3 员工承诺

根据社会认同理论（Social Identity Theory）和自我分类理论（Self-Categorization Theory），个体会根据所处的情境将自己归类到不同的群体中（Tajfel 和 Turner，1985），并根据在这些群体中获得的认同感来理解世界，进而影响自身的态度和行为。个体所处的工作及生活环境使其可以选择进入多种社会分类，因而会产生多重身份（Multiple Identifications）。例如，员工在组织内部可以对个人、团队、组织、职业、部门或者行业等产生认同，因而也会对多个身份产生不同的承诺。尽管个体同时会对多个目标产生身份认同并不是新的观点，但是有关工作中多重身份认同和承诺的实证研究是最近才开始得到发展的（Burris、Rockmann 和 Kim，2017）。

Meyer 和 Herscovitch（2001）总结学者们对承诺（Commitment）的定义，指出承诺的内涵有两个特点，一是有一定义务上的力量约束，二是能够引导个体行为的方向。承诺更多受个体内在动机的影响，从而引导个体行为。承诺是一种指引个体行为的心态模式（Mindset），从内涵上来讲，承诺以不同于其他动机和态度的方式对个体向某个方向的持续性行为产生影响。Klein、Molloy 和 Brinsfield（2012）认为，在工作环境中，承诺是员工与工作相关的目标（通常是社会实体）之间所形成的一种心理纽带。如对组织或者团队这样的社会实体的承诺，通常被认为由多种形式构成。

2.3.1 职业承诺

中国职业规划师协会认为，职业通常是指个体向社会提供服务，并以此作为主要生活收入来源的工作。在国外有关职业研究的文献中，通常会用 career 或者 occupation 来表示职业。occupation 通常指专业性较强的特殊类型职业，如医生、教师等，而 career 通常是泛指。尽管对某一种职业（如医生）的承诺和对工作的承诺在本质上有很大区别，但已有研究经常在两种情境中混淆使用职业承诺（Career Commitment）的概念（Ellemers、Gilder 和 Heuvel，1998）。为了对这两种情境进行区分，Meyer、Allen 和 Smith（1993）提出使用“occupational commitment”一词来表示对某一职业或专业的承诺程度，这个界定比更普遍的工作动机更适合预测特定的员工行为。相对应地，“career commitment”则专指人们在各自的工作领域中追求个人发展的动机（Ellemers、Gilder 和 Heuvel，1998）。

2.3.2　组织承诺

在组织承诺的构成研究中，学者们广泛运用和普遍认同的是 Meyer 和 Allen（1991）提出的三因素模型，即情感承诺（Affective Commitment）、规范承诺（Normative Commitment）和持续承诺（Continuance Commitment）。情感承诺是指个体接受并内化组织的目标和价值观，愿意为组织目标付出努力，并对组织有强烈的情感依附。自我决定的动机构成情感承诺的基础，体现了参与有一定目标导向性行为的自主性。规范承诺是指维持雇佣身份和关系的义务，基于互惠原则，作为受到组织雇佣的交换，员工感知到应该回报组织以忠诚和承诺。持续承诺涉及个体综合评估当前工作中的个人投资以及其他就业机会的可获得性。

2.3.3　团队承诺

强烈的集体认同感会使员工根据自己所在的群体来定义自己和他人，高团队承诺的员工会采用并遵守共同的规范及目标。并且，随着越来越多的工作以团队的方式展开，员工会区分对工作团队的承诺和对组织的承诺，因而在研究中对团队承诺和组织承诺进行区分有重要的理论和实践意义。例如，已有研究表明，团队承诺与团队绩效和团队导向的帮助行为有更强的相关性，而组织承诺与组织层面的离职率有更强的相关性（Wombacher 和 Felfe，2017）。此外，也有元分析发现，员工对所在团队的承诺通常会高于对所在组织的承诺，团队承诺与团队满意度、团队角色外行为和团队氛围更相关，而组织承诺与组织满意度、组织角色外行为和离职倾向更相关（Riketta 和 Van Dick，2005）。

2.3.4 数字时代员工承诺的特点

在数字时代，员工承诺展现了一系列不同于传统工作环境的独特特征，这些特征与技术进步、工作方式的变化以及员工价值观的演进密切相关。第一，虚拟身份与组织认同。随着远程工作和虚拟团队的普及，员工的组织认同不再单纯依赖物理空间内的互动，而是更多地通过数字平台和在线社群建立（Holland、Cooper 和 Hecker，2016）。这种虚拟环境中的组织认同为维持员工承诺带来了新挑战。第二，灵活工作与工作生活平衡。数字技术使工作时间和地点更加灵活，员工期望通过这种灵活性实现更好的工作生活平衡（Zhou 和 Cen，2023），这对员工对组织的情感承诺和持续承诺提出了新要求。第三，技术接受与效能感。员工对组织提供的数字工具和技术的接受程度及使用所产生的效能感，会影响他们对工作的满意度和对组织的承诺。

2.3.5 述评

已有研究表明，组织承诺是员工建言或者保持沉默的重要前因，特别是高情感承诺的员工更有可能在工作问题上对领导提出建议（Thomas、Whitma 和 Viswesvaran，2010；Wang、Weng、McElroy 等，2014；Zhao，2014），保持沉默的可能性更小（Duan、Lam、Chen 等，2010）。虽然这些研究体现了组织承诺对员工建言的重要性，但是也存在仅关注员工对组织的（情感）承诺的不足。事实上，数字时代员工在组织中会对多个对象产生承诺（Becker 和 Billings，1993；Klein、Molloy 和 Brinsfield，2012；Reichers，1985），并且这些对象之间可能是相互冲突的，甚至是对立的。例如，员工可能会对追求个人职业目标有高度的承诺，而对团队或者组织的承诺相对较小（Bishop 和 Scott，2000）。另外，研究已经指出，员工对不同对象的承诺对员工的态度和行为有不同的影响（Johnson、Chang 和 Yang，2010；Wombacher 和 Felfe，2017）。因此，探究数字时代员工多重承诺如何影响员工建言或者沉默行为，有助于弥补已有研究对此方面关注的不足，也有利于在管理实践中有针对性地对员工承诺的不同对象进行引导。

2.4 领导幽默

2.4.1 幽默的概念

“幽默”（Humor）一词起源于古希腊的体液医学（Humorism），该理论认为人体由四种体液（Humours）构成，一旦四种体液在体内失去平衡就会引发疾病，因而体液控制着人类的健康和情绪。汉字诞生时并无“幽默”一词，多数人认同该词最早由林语堂先生于1924年引入中国。他在《晨报》副刊发文提出将“humor”译为“幽默”，此译法沿用至今。

不同的学者从语言学、社会学、管理学等不同的视角对幽默的概念进行了较多的探讨。Martineau（1972）认为幽默表现为令人愉悦的滑稽的对话。Veatch（1998）则强调幽默是能够使人发笑的某种心理状态。Crawford（1994）则从表现形式的视角，提出幽默是通过语言或者非语言的形式，使听众产生积极认知或者情感反应的沟通活动。多数学者认同将幽默看作一种人际沟通行为，基于此，Romero 和 Cruthirds（2006）提出工作场所中的幽默是指在个体、团队或者组织中产生积极认知和情绪的引人发笑的交流。虽然不同的学者强调了幽默的不同方面，但总结幽默的概念可知，多数学者认同幽默是一种行为特征，是用言语或者非言语方式引人发笑的交流方式，并对人们的心理产生调节作用。

另外，在已有研究中，有些学者经常交替使用幽默和幽默感（Sense of Humor），而并未对二者的定义进行区分（Mesmer-Magnus、Glew 和 Viswesvaran，2012）。大多数学者认同将幽默感定义为一种稳定的人格特质（Ruch，1998），也有学者将幽默感概念化为一种创造和理解玩笑的认知能力（Feingold 和 Mazzella，1993）、对幽默进行欣赏的一种审美（Aesthetic）表现（Ruch 和 Hehl，1998）、逗笑别人的习惯性行为方式（Craik、Lampert 和

Nelson，1996），或者面对逆境时保持乐观的应对策略（Lefcourt 和 Martin，1986）。与幽默感的含义不同，幽默更多是指一种行为表现。

2.4.2 幽默的类型及功能

目前，学者们主要从属性的视角将幽默分为积极幽默和消极幽默。虽然幽默通常被认为是一种积极的人际沟通手段，但是嘲讽的玩笑则会给人际交流带来负面影响（Mesmer-Magnus、Glew 和 Viswesvaran，2012）。Martin、Puhlik-Doris、Larsen 等（2003）根据使用幽默针对的不同对象，即自我保护还是促进与他人的良好关系两个维度，将幽默划分为四种类型。

（1）亲和式幽默（Affiliative Humor）。亲和式幽默是指通过分享有趣的事情或者开玩笑来逗乐别人，甚至可能会用自嘲的语言或动作来使他人放松。运用这种无敌意的、友好的幽默方式肯定自己与他人的关系，有利于减少人际关系紧张、增进感情、营造积极的氛围、增强人际凝聚力和吸引力。亲和式幽默通常与积极快乐的情绪、自尊以及高人际亲密度相关。

（2）自我增强式幽默（Self-Enhancing Humor）。自我增强式幽默蕴含一种乐观的人生观，其特点是把幽默当作化解压力和逆境以及调节情绪的手段（Kuiper、Martin 和 Olinger，1993）。幽默被当作一种健康防御机制，可以使神经放松，减少个体负面情绪。与亲和式幽默更关注人际关系不同，自我增强式幽默更强调内部心理过程（Intrapsychic），因而自我增强式幽默通常与抑郁、焦虑等负面情绪负相关。

（3）攻击型幽默（Aggressive Humor）。攻击型幽默通常是以幽默的行为讽刺、嘲笑、中伤或者攻击他人（Janes 和 Olson，2000）。攻击型幽默通常不顾及对他人的潜在伤害（如有关性别歧视的玩笑），会在某种程度上用贬低他人的方式来取乐。攻击型幽默符合优越感理论（Superiority Theory），该理论认为人们会为了让自己获得更高的地位而不惜牺牲他人的利益（Meyer，2000）。攻击型幽默通常与宜人性和尽责性人格特质负相关，与敌意和愤怒的情绪正相关（Martin、Puhlik-Doris、Larsen 等，2003）。

（4）自我贬低型幽默（Self-Defeating Humor）。自我贬低型幽默是指对自身的缺陷和不足开善意的玩笑或者进行有趣的评论，以牺牲自己形象的方式逗乐和讨好他人并获得认可。有研究指出，低自尊、情感需求较强的个体更可能会表现出自我贬低型幽默（Fabrizi 和 Pollio，1987）。适度的自我贬低型幽默有利于拉近人际距离，使自己表现得平易近人。

幽默是一种强有效的人际交流工具，个体会无意识或者有意识地在不同的场合表现出不同类型的幽默行为，对同一种幽默行为的解读也会因人而异。合理运用幽默有诸多益处。Meyer（2000）从幽默的语用视角总结了幽默在人际交流中的四种基本功能。

（1）获得身份认同（Identification）。用幽默的方式可以识别受众以获取支持，提高发言者的可信度（Chang 和 Gruner，1981）。对幽默感的共同欣赏会减少人际交往中的不确定性，有助于双方关系的进一步加深。例如，自我贬低型幽默可以拉近与受众的距离。

（2）阐明观点（Clarification）。用幽默的方式将自己的观点浓缩成令人难忘的短语或者简短的故事，有利于观点的传播。幽默通常可以出人意料且创造性地传递个体的观点，因而一句简短的幽默话语往往胜过长篇大论。同时，幽默能够以更易令人接受的方式阐明社会规范，并减少人际关系紧张，促进良好的情感交流。

（3）强化社会规范（Enforcement）。从认知过程来看，社会规范是从预期的行为中发展起来的，任何偏离这些期望的行为都会引人发笑，因此行为不符合社会规范的人会受到嘲笑。由此可见，幽默可以强化和传播社会规范（Graham、Papa 和 Brooks，1992）。

（4）显示差异化（Differentiation）。用幽默的方式可以将发言者的观点及所在群体与其对手区分开来，这与幽默的第一个功能相对应——用幽默的方式既可以找到认可自己身份的群体，也可以与其他群体进行区分。使用幽默可以帮助谈话者跳出当下的情境，减少先前经验和情绪的影响，而运用理性会使差异更加清晰地凸显出来（Goldstein，1976）。

2.4.3 领导幽默的概念及分类

作为幽默概念的扩展，学者们也从不同的视角对领导幽默的定义进行了探讨。有学者认为领导幽默体现了领导者在职场沟通中的行为习惯，是一种稳定的人格特质；也有学者认为领导幽默体现了领导者面对逆境时的达观态度；还有学者认为领导幽默体现了领导者创造性地运用和理解幽默的能力（Avolio、Howell 和 Sosik，1999；Goswami、Nair、Beehr 等，2016；Yam、Christian、Wei 等，2018）。这种定义方式沿用了幽默感的概念（彭伟、马越和陈佳贤，2019）。多数学者从行为视角将领导幽默视为上下级之间的一种互动方式（Kim、Lee 和 Wong，2016；Romero 和 Cruthirds，2006）。本研究从行为视角出发，将领导幽默看作职场中的一种沟通行为。根据 Cooper、Kong 和 Crossley（2018）的定义，领导幽默是指由领导者发出的，能被下属感知到的领导者有意使下属愉悦的行为。

沿用 Martin、Puhlik-Doris、Larsen 等（2003）对幽默的分类，领导幽默也包括领导者亲和式幽默、领导者自我增强式幽默、领导者攻击型幽默和领导者自我贬低型幽默四种类型（Gkorezis、Hatzithomas 和 Petridou，2011）。领导者运用不同类型的幽默会对领导有效性产生差异化影响，并且不同类型的领导幽默对员工态度和行为的影响也有所不同（Decker 和 Rotondo，2001；Martin、Puhlik-Doris、Larsen 等，2003）。

2.4.4 数字时代领导幽默的特点

在数字时代，领导者运用幽默的方式及其效果呈现出一些特殊特征，这些特征与沟通平台的多样性、跨文化交互的频繁性以及信息传播速度的加快紧密相关。第一，多媒体与多模态幽默。数字技术允许领导者通过文字、图片、视频、表情符号等多种形式传达幽默（Yus，2023），使得幽默表达更加生动、直观且易于分享。第二，即时反馈与互动性。社交媒体和即时通信工具使领导者能够即时收到员工对幽默反应的反馈（Kremer 和 Janneck，2013），促进了更直接的互动和关系的建立。第三，幽默成为缓解压力的工具。面对数字时代快节奏和高压力的工作环境，领导幽默能有效缓解团队的紧张情绪，增强团队凝聚力。第四，在数字平台上，幽默内容容易迅速扩散，正面的幽默可以增强领导魅力，但不当的幽默也可能迅速引起负面反响，损害领导形象。

第3章 研究设计

本章旨在介绍整个研究的总体设计安排，包括研究框架、研究样本、变量测量和统计分析技术。其中，研究框架部分概括本书各项子研究的主要模型及研究过程。研究样本部分主要是简要介绍各子研究的样本。变量测量部分主要是简要介绍各变量的测量方式，详细内容将在后续各项子研究中展开说明。统计分析技术部分总体介绍各项子研究使用的统计分析技术。

3.1 研究框架

根据绪论中阐述的研究问题和研究假设，本书的研究主要聚焦于两个方面，即分别从个体方面和领导方面探讨数字时代员工建言行为的前因。这两个方面存在时间先后顺序，具体从建言过程的视角，先探究数字时代员工首次建言的个体方面前因，接着探讨数字时代员工建言后领导拒绝采纳其建议的表达方式（提供解释的具体性及幽默程度）如何对员工的后续再建言行为产生影响。本书围绕研究问题一共设计了三个子研究，主要是出于以下三个方面的考虑：首先，本书的研究视角为员工建言的过程，分析涉及员工的初次建言和后续建言，无法仅用一项研究进行考察；其次，本研究以数字时代员工建言行为作为中心变量，聚焦探讨其前因变量，包括个体态度因素和领导行为因素两大部分，这两个部分在内容上相互独立，可以进行独立研究和分析；最后，单个研究难免会存在一些缺陷，针对本书的研究问题开展多项研究有助于增强研究结果的说服力。

具体而言，子研究一考察数字时代员工多重承诺，即职业承诺、团队承诺和组织承诺共同对员工建言 / 沉默行为产生的影响，用以检验本书综合模型的前半部分（针对员工初次建言行为）。子研究二和子研究三关注数字时代员工初次建言后领导未采纳员工建议的情境，分别考察领导未采纳建言时提供解释的具体性以及幽默程度对员工后续再建言行为产生什么样的影响以及如何产生影响，用以检验本书综合模型的后半部分（针对员工后续再建言行为）。研究框架如表 3-1 所示。

3.2 研究样本

为了增强本书研究结论的普适性，提高外部效度，本研究选取了多个国家、多个行业和不同地域的样本，并采用问卷调查和情境实验相结合的调查方式，增强本研究在文化、行业、地域和人口统计学等方面的异质性。在数据收集过程中，选取的样本企业均是正在进行数字化转型或者已经完成数字化转型的企业。其中，子研究一收集了来自中国和美国的问卷调查数据，用以对研究模型进行检验；子研究二首先用情境实验的方式收集来自中国的数据，验证模型的因果关系，接着收集来自中国多行业的问卷调查数据，在工作情境中对研究模型再次进行验证；子研究三收集来自中国多行业、多个省份的问卷调查数据进行模型检验。

3.3 变量测量

为了保证所有子研究测量工具的信度和效度，本研究所有测量均采用国外权威期刊上发表的，且信度和效度已被检验的成熟量表，并根据本研究的具体情境进行适当的修改。其中，中文量表由两名人力资源管理专业且精通中英文的研究者进行“翻译 – 回译”，对于意见不一致的翻译进行反复讨论和修改。然后，邀请相关研究领域的专家试填问卷，根据专家反馈对量表做进一步修订，

表 3-1　研究框架

子研究	研究内容	相关假设	研究模型
子研究一	数字时代员工多重承诺、建言角色知觉对员工建言 / 沉默行为的影响（初次建言）	假设 1-1 到假设 1-12	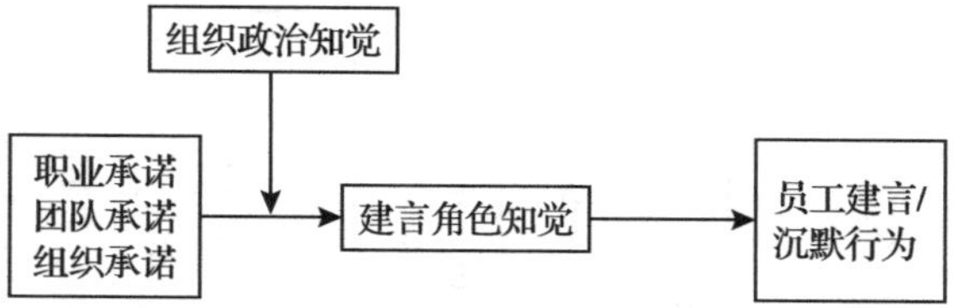
子研究二	数字时代领导未采纳建言解释具体性、心理安全感对员工建言行为的影响（后续再建言）	假设 2-1 到假设 2-8	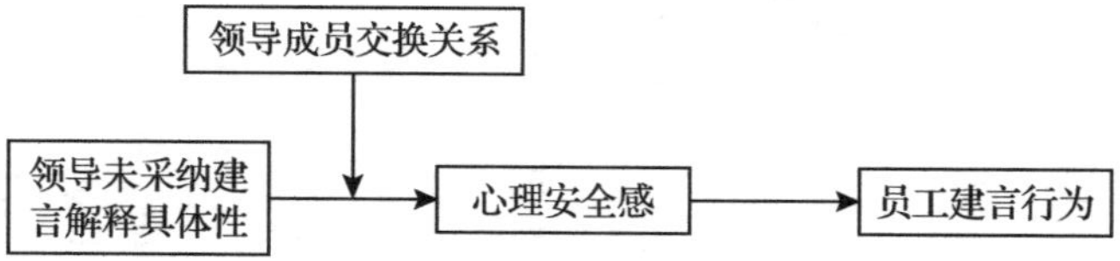
子研究三	数字时代领导未采纳建言幽默、心理安全感对员工建言行为的影响（后续再建言）	假设 3-1 到假设 3-6	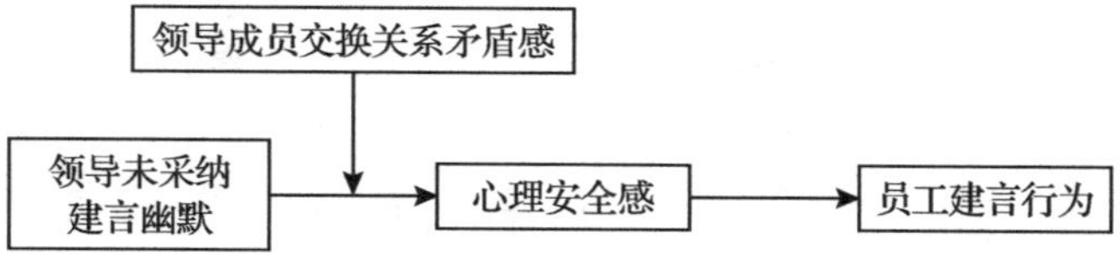

以确保最终问卷是清晰且易懂的。如无特别说明，研究中所有变量的测量均采用李克特七分量表，1—7 表示从“非常不同意”到“非常同意”。表 3-2 为所有研究变量测量的简要情况，更详尽的测量信息将在后续各章节进一步阐述。

表 3-2　研究变量的测量

研究变量	测量工具来源	所属子研究
职业承诺 / 团队承诺 / 组织承诺	Ellemers、Gilder 和 Heuvel（1998）	子研究一
建言角色知觉	Tangirala、Kamdar、Venkataramani 等（2013）	子研究一
组织政治知觉	Kacmar 和 Carlson（1997）	子研究一
员工沉默行为	Madrid、Patterson 和 Leiva（2015）	子研究一
领导未采纳建言解释具体性	Shapiro、Buttner 和 Barry（1994）	子研究二
心理安全感	May、Gilson 和 Harter（2004）；Edmondson（1999）；Morrison、Wheeler-Smith 和 Kamdar（2011）	子研究二 / 子研究三
促进性建言 / 抑制性建言	Liang、Farh 和 Farh（2012）	子研究二 / 子研究三
领导成员交换关系	Graen 和 Uhl-Bien（1995）	子研究二
领导未采纳建言幽默	Yam、Christian、Wei 等（2018）	子研究三
领导成员交换关系矛盾感	Lee、Thomas、Martin 等（2019）	子研究三

3.4　统计分析技术

对于所有问卷调查数据，本研究运用 Mplus 7.4 软件进行验证性因子分析。在假设检验的具体分析过程中，采用结构方程模型（SEM）检验直接效应和间接效应，通过潜变量调节结构方程法（Latent Moderated Structural Equation Modeling，LMS）检验调节效应（Dimitruk、Schermelleh-Engel、Kelava 等，2007）。在中介效应检验中，采用 Bootstrap 置信区间检验法对各研究假设进行检验。对于所有情境实验的数据，使用 SPSS 进行单因素方差分析和多因素方差分析。

第 4 章

子研究一：数字时代员工多重承诺对员工建言的影响

4.1 理论基础和研究假设

4.1.1 理论基础

与其他理论不同，角色理论（Role Theory）并不是源于某一个有影响力的学者，而是零散地出现在多个社会科学领域，社会学、心理学和人类学的学者们都对角色理论的发展做出了贡献（Fischer，2010）。尽管角色的概念在不同学科中并行发展且表述各异，甚至不同表述间存在矛盾，但各学科均认同角色理论所揭示的观点：行为的显性事实与行为者的主观经验之间存在一一对应的关系（Biddle，1979）。Fischer（2010）认为角色理论的发展主要经历了三个时期。第一个时期为 19 世纪末到 20 世纪初，这是角色理论发展的先驱阶段（Precursive Stage）。在这一时期，一些学者如 James（1890）、Simmel（1920）和 Cooley（1902）对角色的概念做了初步界定，标志着该理论演进的起点。第二个时期始于 20 世纪 30 年代，在这一时期，角色的概念逐渐规范化并得到详细阐述，同时被应用于多种社会事件的讨论中。这个时期比较有影响力的学者有 Mead（1934）、Linton（1936）和 Moreno（1934）等。到 20 世纪 40 年代，角色的概念才越来越受到不同领域学者们的重视，角色理论开始越来越多地应用于行为科学、社会学等学科中。第三个时期始于 20 世纪 50 年代，在这一时期，学者们更多地运用角色理论去解释各领域的实际问题，而不是讨论角色的概念。

角色理论关注社会生活最重要的特征之一，即个体的社会身份和所处环境能预测其行为方式，并且是个体行为存在差异的重要原因（Biddle，1986）。角色是一套与特定任务或社会功能有关的行为（Fischer，2010）。角色理论认为个体行为受到所处环境中他人的规范和要求、个体所理解的他人对自己行为的预期两方面的影响（Biddle，1979）。角色理论强调周围环境中的他人塑造个体角色感知和行为的重要性。

4.1.2 数字时代员工多重承诺与建言角色知觉

已有关于员工承诺和建言行为的研究较多采用传统意义上对承诺的定义，即个体对组织的承诺（Mowday、Steers 和 Porter，1979）。然而，根据角色理论（Biddle，1979；Biddle，1986），Reichers（1985）指出个体可能会对不同的群体有多种目标和价值取向。此后，越来越多的学者开始关注到员工承诺是复杂且多面的，对于组织内外部不同的对象，员工可能会产生不同的承诺（Bishop 和 Scott，2000；Wombacher 和 Felfe，2017）。因此，工作场所的员工承诺被重新定义为员工与不同社会实体（如团队、组织，甚至个人职业）之间的心理纽带（Klein、Molloy 和 Brinsfield，2012）。

在以往的工作环境中，工作稳定性和长期雇佣关系是主要特征，因而会更强调员工对组织的承诺。然而，随着不确定时代的到来，工作不安全感日益增强，员工为提升对自我职业生涯的可控感，开始寻求无边界和易变性职业生涯（Bravo、Seibert、Kraimer 等，2015）。因此，员工对组织的承诺逐渐减弱，而对其他目标对象（如职业、团队）的承诺可能会越来越强，亟待更多研究者关注。例如，员工对职业投入的增加会提高其职业承诺（Presti、Pluviano 和 Briscoe，2018）。此外，作为个体和组织之间的关键纽带，团队成为组织中越来越普遍的工作形式（Mathieu、Hollenbeck、Van Knippenberg 等，2017），员工更可能对团队产生较高的承诺，而非组织。

已有研究表明，员工对不同对象的承诺会对不同的结果产生影响，并且对同一结果也会产生差异化影响（Bishop 和 Scott，2000；Wombacher 和 Felfe，2017）。例如，Johnson、Chang 和 Yang（2010）的概念性论文提出，个体的自我认同、关系认同和集体认同分别与个体职业承诺、团队承诺和组织承诺有关，并且三种影响关系是不同的。类似地，本研究认为员工对不同对象的承诺对建言行为的影响存在差异。本研究旨在探讨员工的多重承诺，即职业承诺、团队承诺和组织承诺如何共同影响其建言或沉默行为选择，并探究组织政治知觉在其中的调节作用。

根据角色理论，组织中不同岗位的个体在应该做什么和不应该做什么的规范方面有相同的准则（Biddle，1986）。员工会根据自己的理解来对其工作角色职责进行社会构建，由此导致个体对工作角色职责的认知各不相同，特别是对于角色外行为的认知（Morrison，1994）。因此，本研究认为职业承诺、团队承诺和组织承诺会对员工的建言角色知觉产生不同的影响。

（一）职业承诺与建言角色知觉

承诺是指个体愿意致力于特定目标或者价值的程度（Reichers，1985）。正如第 2 章文献综述中所述，本研究认为职业承诺是指个体在自己的职业领域，投身于个人发展的努力程度（Ellemers、Gilder 和 Heuvel，1998）。建言角色知觉（Voice Role Conceptualization）是员工将建言视为自我工作职责的一部分的程度（Milliken、Morrison 和 Hewlin，2003；Tangirala、Kamdar、Venkataramani 等，2013）。

一方面，具有较高职业承诺的员工有更强的动机为职业目标和个人发展努力（Vandenberghe 和 Basak Ok，2013），并且他们更可能将雇佣关系看成一种交易关系（MacNeil，1985；Morrison，1994），因此会更关注在工作说明中规定的职责及任务。有实证研究发现，具有较高职业承诺的员工通常会更多参与岗位职责范围内的工作（Tangirala、Kamdar、Venkataramani 等，2013）。职业承诺强的员工可能将个人职业成就视为首要目标，这与组织创新和改进的团队或组织目标可能存在冲突，特别是在资源有限的情况下。数字时代虽然提供了更多自我展示和职业发展的平台，但也可能加剧这种个人目标与组织目标之间的矛盾。另一方面，建言行为表达对现状的不满，可能会挑战领导者的权威，而且已有研究也证实建言行为会给员工带来负面影响，诸如领导给出低绩效评价、降低建言者的可信度或者被误解（Morrison 和 Milliken，2000；Milliken、Morrison 和 Hewlin，2003；Tepper、Duffy、Hoobler 等，2004）。在数字时代，虽然工作方式更加灵活，但员工与组织之间的心理契约依然重要。高职业承诺的员工可能更关注个人职业路径的清晰性和晋升机会，如果感知到组织在这些方面未能满足预期，他们可能会降低对超出职责范围行为的角色知觉。因此，建言行为的风险性与拥有较高职业承诺的员工实现个人职业发展的意愿并不一致。本研究认为，具有较高职业承诺的员工出于自我保护的心理，通常不太可能将建言行为视为自己工作职责的一部分。基于此，本研究提出以下假设。

假设 1-1：在控制团队承诺和组织承诺的情况下，职业承诺与建言角色知觉负相关。

（二）团队承诺、组织承诺与建言角色知觉

具有较高团队承诺的员工会高度认同其所在团队的价值观和目标，类似地，拥有较高组织承诺的员工会对所在组织的价值观和目标产生强烈的认同感。因此，这些员工更倾向于参与到建设性地解决所在团队或者组织问题的活动中（Becker 和 Kernan，2003）。在数字时代，虽然物理接触减少，但团队认同感仍然可以通过虚拟团队活动、在线社交平台和对共同目标的追求得以加强。高度的团队承诺意味着个体更强烈地认同团队的价值观和目标，从而更愿意提出建设性意见以促进团队成功。根据目标相似原则（Lavelle、Rupp 和 Brockner，2007），员工对不同对象（如团队、组织）的承诺在指向同一目标时，对该承诺导向下的行为的影响最强。因此，拥有较高团队承诺的员工更可能会对其所在团队有亲社会行为，同样地，拥有较高组织承诺的员工也倾向于对其所在组织有亲社会行为（Riketta 和 Van Dick，2005）。

作为一种角色外行为，员工建言旨在提出创新性和建设性意见，推动现有工作流程的改变与优化（Morrison，2011）。因此，拥有较高团队承诺（组织承诺）的员工更倾向于将建言纳入工作角色范畴，以此满足他们对团队或组织做出贡献的内在动机需求。虽然数字工具可能在一定程度上弱化面对面交流的亲密性，但它们也为团队合作提供了新的平台和工具，使得团队承诺和建言行为可以在虚拟空间中体现和增强。技术的使用增加了团队成员之间的互动频率，促进了集体智慧的形成。此外，对团队或者组织有较高承诺的员工更倾向于将雇佣看作是关系交换（Bishop 和 Scott，2000），在关系交换下的工作职责具有自愿性和广泛性特征（MacNeil，1985）。因此，具有高团队承诺和组织承诺的员工倾向于更宽泛地定义自己的工作角色，更可能将建言行为作为自己工作角色的一部分。基于此，本研究提出以下假设。

假设 1–2：在控制职业承诺和组织承诺的情况下，团队承诺与建言角色知觉正相关。

假设 1–3：在控制职业承诺和团队承诺的情况下，组织承诺与建言角色知觉正相关。

4.1.3　建言角色知觉的中介作用

员工沉默行为是指个体有意识地对重要的工作问题保留看法和观点（Tangirala 和 Ramanujam，2008b）。员工沉默行为会带来较多负面影响，如不利于管理者发现关键信息、不利于及时阻止内部不道德行为、导致低效工作流程持续、不利于企业绩效提升和创新（Kish–Gephart、Detert、Trevino 等，2009；Morrison 和 Milliken，2000；Perlow 和 Repenning，2009）。员工建言行为和员工沉默行为是紧密关联的概念（Knoll 和 Redman，2016），两者有相互重叠的理论关联性，并且都属于更广泛的涉及表达或抑制交流的行为（Tangirala 和 Ramanujam，2008b）。员工建言行为和员工沉默行为是相反的行为选择（Morrison，2011），也有学者指出两者是同一枚硬币的两面（Ashford、Sutcliffe 和 Christianson，2009）。因此，本研究认为，探究抑制员工沉默行为的前因能够为探究促进员工建言行为的前因提供重要参考。

数字技术提供了多样化的沟通平台，使得员工更容易地与领导者和其他团队成员分享想法。根据角色理论（Biddle，1979），个体的角色地位和角色期望会对其行为产生影响。当员工认为某些行为是他们角色的一部分时，就会实施这些行为，因此将建言行为界定为自己工作角色一部分的员工更可能有建言行为。员工不太可能实施超出其职责范围的行为（Morrison，1994）。因此，本研究认为，在数字时代，当员工将建言看作自己工作角色中不可或缺的一部分时，员工在有改进组织运行效率等想法的时候，更可能会向领导者提出建议。数字工具的使用增强了员工工作的自主性，当建言被视为工作的一部分时，员工会感受到更高的责任感，主动寻找并提出改进措施，以提高组织效率和个人价值。相反地，当建言被视为超出个体角色要求范围时，员工更有可能保持沉默。综合上述分析，本研究认为具有较高职业承诺的员工更专注于自己的事业发展，建言行为的风险性使其更可能将建言当成超出职责范围的要求，因此更可能表现出沉默行为。另外，具有较高团队承诺和组织承诺的员工，为了使团队和组织受益，更可能将建言当成自己工作职责的重要组成部分，因此更可能在有想法的时候选择提出建议。基于此，本研究提出以下假设。

假设 1-4：建言角色知觉在职业承诺和员工沉默行为中具有中介作用。

假设 1-5：建言角色知觉在团队承诺和员工沉默行为中具有中介作用。

假设 1-6：建言角色知觉在组织承诺和员工沉默行为中具有中介作用。

4.1.4 组织政治知觉的调节作用

根据角色理论（Biddle，1979；Biddle，1986），个体行为不仅会受到其所处位置和社会期望的影响，还会受到环境和情境的影响。情境会影响个体对某行为是否被接受和鼓励的感知（Johns，2017）。因此，当员工定义自己的工作角色时，他们不仅会考虑自己的行为是否符合自己的承诺偏好，也会考虑该行为是否被所处的情境所支持。

组织政治知觉就是影响员工如何理解自身工作角色的情境因素之一。组织政治行为是指工作环境中同事或者领导为自身利益不考虑组织目标，甚至以牺牲组织目标为代价的行为（Mintzberg，1983）。代表性的行为包括：领导只为那些支持自己的下属提供资源和便利，或者领导只给唯命是从的下属加薪，而不会给有时会质疑领导决策的下属加薪等（Hochwarter、Witt 和 Kacmar，2000）。更重要的是，通常能够预测员工态度和行为的更多是其对组织政治行为的主观感知而非客观存在（Gandz 和 Murray，1980）。组织政治知觉就是组织成员对组织中该种行为发生程度的感知。

员工会观察并学习上级和同事的行为（Bandura，1977；Manz 和 Sims，1981），当感知到工作环境中有较多政治行为的时候，员工可能会认为在组织内为了自身利益而不考虑其他人的自利行为是正常的（Kacmar 和 Baron，1999）。在数字时代，虽然信息流通更为便捷，但也可能加剧信息不对称，特别是当员工感知到组织政治活动频繁时，这种不对称可能导致他们对管理层意图的信任度下降（Holland、Cooper 和 Hecker，2019）。高职业承诺的员工在高组织政治知觉的环境中，可能更加担忧建言的后果，担心自己的建议被用于政治目的，从而减少提出建言的意愿。另外，数字工作环境中的匿名性和虚拟交互可能使员工对潜在的政治动态更加敏感，因为非言语线索的缺失使得判断他人的动机和意图变得更加困难（Maheshwari 和 Yadav，2020）。在这种情境下，高职业承诺的员工可能更加谨慎，以避免不必要的政治风险，这与减少建言行为相一致。对致力于追求自己职业目标的员工来说，感知到较高水平的组织政治与其追求个人主义的事业目标是一致的。因此，拥有较高职业承诺的员工会认为自己追求事业的目标符合组织价值观，并且会更加坚信参与到可能会损害个人发展的建言行为中是不被期望的，从而更可能认为向领导提建议不属于自己的工作责任。另外，组织政治感知程度较高的环境会带来任务和人际关系的高度不确定性（Li、Liang 和 Farh，2020），因此，职业承诺较高的员工对于建言行为在多大程度上有利于自己的职业发展缺乏确定的感知，这种不确定性也会阻碍员工将建言当作工作角色的一部分。基于此，本研究提出以下假设。

假设 1-7：组织政治知觉调节职业承诺与建言角色知觉之间的负向关系。当员工组织政治知觉高的时候，职业承诺与建言角色知觉之间的负向关系更强。

拥有较高团队承诺和组织承诺的员工更倾向于认为团队和组织利益优于

自身利益。然而，本研究认为，高组织政治知觉会减弱团队承诺和组织承诺对建言角色知觉的正向影响。首先，充满政治行为的组织环境是一种强情境（Mischel，1977），这种工作环境会削弱其他因素如个人态度对个体的影响。其次，当具有较高团队承诺和组织承诺的员工观察到工作环境中的其他人有较多的自利行为时，有可能会产生认知失调（Festinger，1957），从而可能会通过改变自己的角色期望这种比较简单的方式来解决这种失调感。最后，尽管具有较高团队承诺和组织承诺的员工倾向于认为应该把团队和组织利益置于个人利益之上，但是当感知到较高水平的组织政治、组织利己主义盛行的时候，如果将建言行为当作自我工作角色的一部分，并按照此种观念行动，则可能会对其他组织成员的自我利益产生负面影响，并对自己造成不利的后果。在数字时代，信息传播速度更快，但员工在高组织政治知觉的环境下，可能会更加谨慎地筛选和分享信息，避免卷入潜在的政治冲突。即使对团队有高度的承诺，他们也可能选择保留建言，以免被误解或被用于不利目的，这导致团队承诺与建言行为的正向关系减弱。另外，数字时代的工作环境虽然提供了更多沟通渠道，但也可能增加组织政治行为的隐蔽性和复杂性，使得员工在解读组织信号和人际动态时更加困难。这种复杂性在高组织政治知觉的环境中加剧了不确定性，即使有强烈的团队承诺，员工也可能因担心误解或负面后果而减少建言。综上，本研究提出以下假设。

假设 1-8：组织政治知觉调节团队承诺与建言角色知觉之间的正向关系。当员工组织政治知觉高的时候，团队承诺与建言角色知觉之间的正向关系更弱。

假设 1-9：组织政治知觉调节组织承诺与建言角色知觉之间的正向关系。当员工组织政治知觉高的时候，组织承诺与建言角色知觉之间的正向关系更弱。

本研究在假设 1-4、假设 1-5、假设 1-6 中分别提出了建言角色知觉在职业承诺、团队承诺、组织承诺与员工沉默行为之间的中介作用，而在假设 1-7、假设 1-8、假设 1-9 中分别阐述了组织政治知觉对职业承诺、团队承诺、组织承诺与建言角色知觉关系的调节作用，结合上述对中介和调节作用假设的论述，本研究提出以下假设。

假设 1-10：通过建言角色知觉，组织政治知觉调节职业承诺对员工沉默行为的影响。

假设 1-11：通过建言角色知觉，组织政治知觉调节团队承诺对员工沉默行为的影响。

假设 1-12：通过建言角色知觉，组织政治知觉调节组织承诺对员工沉默行为的影响。

综上所述，本研究提出以下理论模型，如图 4-1 所示。

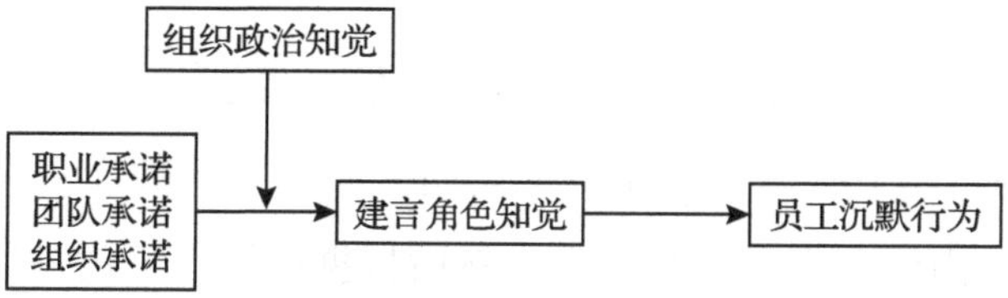

图 4-1　理论模型（子研究一）

4.2　研究方法

4.2.1　样本和数据收集

本研究通过网上问卷调查的方式收集数据，调查对象为来自美国和中国的员工。选取的样本企业为正在经历数字化转型或者已经完成数字化转型的企业。美国的数据通过在亚马逊的 Mechanical Turk（MTurk）平台招募在职员工的方式收集，一共向 225 个参与者发放问卷，剔除未通过注意力测试的问卷后，最终获得 200 份有效问卷。其中，66% 为男性，平均年龄为 31.9 岁，64% 有本科及以上学历，53% 工作年限小于 5 年，71% 在私营企业工作，12% 在政府或者教育机构工作。中国的数据通过滚雪球抽样的方式收集，一共向 270 名员工发放问卷，剔除数据缺失和未通过注意力测试的问卷后，最终得到 237 份有效问卷。其中，38% 为男性，平均年龄为 29.4 岁，84% 拥有本科及以上学历，66% 工作年限小于 5 年，44% 在私营企业工作，38% 在国有企业或者事业单位工作。

收集来自两个不同国家的样本可以增加本研究在文化、地理和人口统计学方面的异质性，有利于提高研究结果的普适性。此外，收集来自中国和美国的样本有助于将研究结果与之前基于这两个国家样本的，关于员工沉默和员工建言的研究结果进行比较（如 Liu、Tangirala、Lam 等，2014；Morrison、See 和 Pan，2015；Tangirala 和 Ramanujam，2008b；Weiss 和 Morrison，2019；Xu、Loi 和 Lam，2015）。

4.2.2 变量测量

本研究所有变量的测量均使用国外权威期刊上发表的成熟量表。中文量表在两名人力资源管理专业且精通中英文的研究者进行“翻译 – 回译”的基础上（Brislin，1986），由专业人员试填问卷，然后根据反馈对表述进行调整，以确保问卷清晰易懂。如无特别说明，研究中所有变量的测量均采用李克特七分量表，1—7 表示从“非常不同意”到“非常同意”。

职业承诺：本研究使用 Ellemers、Gilder 和 Heuvel（1998）开发的量表测量职业承诺，共 5 个题项，测量条目如“我的职业生涯是我生命中最重要的事情之一”“我经常思考如何才能在工作中取得进步”等。该量表的内部一致性信度 α 为 0.84。

团队承诺：本研究采用 Ellemers、Gilder 和 Heuvel（1998）开发的量表测量团队承诺，共 5 个题项，测量条目如“为了使我的工作团队受益，我愿意做额外的琐事”“我努力为我的工作团队营造良好的氛围”等。该量表的内部一致性信度 α 为 0.82。

组织承诺：本研究采用 Ellemers、Gilder 和 Heuvel（1998）开发的量表测量组织承诺，共 4 个题项，测量条目如“我在情感上依附于这个公司”“我很乐意在这个公司里度过我余下的职业生涯”等。该量表的内部一致性信度 α 为 0.85。

建言角色知觉：本研究参考 Tangirala、Kamdar、Venkataramani 等（2013）的研究，让调查者回答自己在多大程度上认为 LePine 和 Van Dyne（1998）编制的 6 个条目的建言行为量表中的行为是自己的工作职责之一，1—7 表示从“绝对不是我的工作职责”到“绝对是我的工作职责”。测量条目包括“发现影响团队工作效率的问题并对此提出建议”“不仅自己对影响团队工作效率的问题提出建议，而且鼓励同事参与其中”等。该量表的内部一致性信度 α 为 0.87。

员工沉默行为：本研究采用 Madrid、Patterson 和 Leiva（2015）开发的量表测量员工沉默行为，共 5 个题项，测量条目如“在讨论妨碍绩效提升的日常工作活动的团队会议上，我选择保持沉默，未发表意见”“我有可以提高公司工作效率的想法或建议，但我并没有提出来”等。该量表的内部一致性信度 α 为 0.93。

组织政治知觉：本研究采用 Kacmar 和 Carlson（1997）开发的量表测量组织政治知觉，共 5 个题项，测量条目如“在我所在的公司，有成员试图通过诋毁别人而成就自己”“在我所在的公司，规定的薪酬和晋升政策与实际加薪和晋升无关”等。该量表的内部一致性信度 α 为 0.83。

控制变量：考虑到入职年限、样本所在国家可能对员工沉默行为产生影响，本研究将这些变量作为控制变量。具体来讲，有研究表明入职年限会影响员工公民行为（Ng 和 Feldman，2011）。本研究将入职年限编码为 5 个等级，1 为小于或等于 3 年，2 为 4~5 年，3 为 6~10 年，4 为 11~20 年，5 为 20 年以上。此外，本研究控制了样本来源，因为权力距离可能对员工沉默行为产生影响（Huang、Vliert 和 Vegt，2005）。

4.2.3　统计分析技术

在进行假设检验之前，本研究运用 Mplus 7.4 软件，通过验证性因子分析（Confirmatory Factor Analysis，CFA）检验量表的区分效度。本研究首先检验了两个样本之间的测量等值性（Measurement Invariance），以检验不同群体对本研究的概念是否有相同的理解。模型拟合由卡方统计（χ^2）、RMSEA（Root Mean Square Error of Approximation）、SRMR（Standardized Root Mean Square Residual）、CFI（Comparative Fit Index）和 TLI（Tucker Lewis index）这些指标衡量。根据模型拟合指标标准，RMSEA 和 SRMR 的值小于 0.05 表示模型拟合良好，处于 0.05 和 0.08 之间表示合理（Browne 和 Cudeck，1993），CFI 和 TLI

的值处于 0 到 1 之间，越接近 1 表示模型拟合越好，一般大于 0.90 表示模型拟合较好（Hu 和 Bentler，1999）。

在测量模型的具体分析过程中，本研究首先检验了六因子模型（职业承诺、团队承诺、组织承诺、建言角色知觉、员工沉默行为、组织政治知觉），然后将六因子模型合并为四因子模型（三种类型承诺、建言角色知觉、员工沉默行为、组织政治知觉）、三因子模型（三种类型承诺、建言角色知觉和员工沉默行为、组织政治知觉）和单因子模型。此外，本研究通过两种方法检验共同方法偏差：第一，采用最常用的 Harman 单因素检验方法，检验析出的公因子是否会解释大部分变异；第二，运用潜在共同方法因子控制法，将共同方法偏差作为一个潜变量纳入结构方程模型中，与假设模型进行比较，通过模型拟合优度来检验是否存在共同方法偏差（Podsakoff、MacKenzie、Lee 等，2003）。在假设检验的具体分析过程中，本研究采用结构方程模型（SEM）检验直接效应和间接效应，通过潜变量调节结构方程法（Latent Moderated Structural Equation Modeling，LMS）检验调节效应（Dimitruk、Schermelleh-Engel、Kelava 等，2007）。

4.3 数据分析结果

4.3.1 测量等值检验

本研究先检验量表在两个样本中的测量等值性。在心理测量领域，编制及使用量表时需要考虑量表指标在不同群体中是否意义相同，也就是对测量工具的等值性进行检验，通常通过截距、残差方差和载荷等系数来衡量（王孟成，2014）。根据 Vandenberg 和 Lance（2000）推荐的检验流程，本研究对两个样本进行形态等值（Configural Invariance）、单位等值（Metric Invariance）、尺度等值（Scalar Invariance）和因子方差等值（Factor-Variance Invariance）检验。本研究首先进行了形态等值检验，以判断两个样本中潜变量的构成形态是否相同，要求样本间有对等的潜变量及显变量基本结构关系。在该模型中，两个观测变量的因子数、因子间的协方差均相同，所有参数都是自由估计。其次进行了单位等值检验，以判断测量指标和因子间的关系在各样本中是否等值，每项测量指标的非标准化负荷在各样本中被限制为相等。再次进行了尺度等值检验，以判断测量指标的截距是否等值，每项测量指标的截距在各样本中被限制为相等。最后进行了因子方差等值检验，以判断潜变量方差在各样本中是否等值，潜变量方差代表其离散程度，不同样本中潜变量方差相等代表基准分数有相同的量纲（王孟成，2014；Vandenberg 和 Lance，2000）。

四种等值检验模型是嵌套的，通过引入新的约束来检查模型拟合的变化。Cheung 和 Rensvold（1999，2000）指出，当 CFI 的变化量小于或等于 0.01 时，表明模型在不同样本间具有测量不变性。具体检验结果如表 4–1 所示。结果表明，团队承诺、建言角色知觉和员工沉默行为在两个样本中有单位等值、尺度等值和因子方差等值，职业承诺在两个样本中有单位等值和因子方差等值，组织承诺在两个样本中有因子方差等值，组织政治知觉在两个样本中有尺度等值。综上，检验结果表明，两个样本中的参与者对本研究 6 个主要测量变量的理解大体上一致。因此，将两个样本的数据聚合到一起是合适的，这样本研究一共获得 437 份样本数据。

表 4–1　等值性检验结果

模型	X^2	*df*	CFI	TLI	SRMR	ΔCFI	ΔX^2	Δ*df*
职业承诺								
形态等值	19.91	10	0.98	0.96	0.04			
单位等值	23.41	14	0.98	0.97	0.05	0.01	3.51	4
尺度等值	52.74	18	0.92	0.92	0.07	0.06	32.83	8
因子方差等值	54.69	19	0.92	0.92	0.10	0.01	34.79	9
团队承诺								
形态等值	22.10	10	0.98	0.95	0.04			
单位等值	29.70	14	0.97	0.95	0.06	0.01	7.59	4
尺度等值	33.08	18	0.97	0.97	0.06	0.01	10.98	8
因子方差等值	35.23	19	0.97	0.97	0.09	0.01	13.13	9

续表

模型	χ^2	*df*	CFI	TLI	SRMR	ΔCFI	$\Delta\chi^2$	Δ*df*
组织承诺								
形态等值	14.78	4	0.98	0.94	0.02			
单位等值	26.67	7	0.97	0.94	0.06	0.02	11.89	3
尺度等值	43.17	10	0.94	0.93	0.07	0.02	28.39	6
因子方差等值	42.71	11	0.94	0.94	0.07	0.01	27.93	7
建言角色知觉								
形态等值	20.44	16	1.00	0.99	0.03			
单位等值	28.50	21	0.99	0.99	0.06	0.01	8.07	5
尺度等值	35.72	26	0.99	0.99	0.06	0.01	15.29	10
因子方差等值	37.78	27	0.99	0.99	0.09	0.01	17.34	11
组织政治知觉								
形态等值	12.14	9	1.00	0.99	0.02			
单位等值	40.21	13	0.96	0.94	0.09	0.04	28.07	4
尺度等值	50.31	17	0.95	0.94	0.09	0.01	38.17	8
因子方差等值	66.60	18	0.93	0.92	0.20	0.02	54.45	9
员工沉默行为								
形态等值	16.63	10	1.00	0.99	0.02			
单位等值	22.56	14	0.99	0.99	0.04	0.01	5.92	4
尺度等值	33.82	18	0.99	0.99	0.04	0.01	17.19	8
因子方差等值	42.69	19	0.98	0.98	0.16	0.01	26.06	9

4.3.2 区分效度和共同方法偏差检验

本研究通过验证性因子分析，检验6个主要变量（包括职业承诺、团队承诺、组织承诺、建言角色知觉、员工沉默行为、组织政治知觉）的区分效度，结果如表4-2所示。结果表明，六因子模型要显著优于四因子模型［$\Delta\chi^2$（9）=377.54，$p<0.001$］、三因子模型［$\Delta\chi^2$（12）=1450.24，$p<0.001$］和单因子模型［$\Delta\chi^2$（15）=2980.36，$p<0.001$］，因此六因子模型的拟合效果最好。

表 4–2　验证性因子分析结果（子研究一）

模型	χ^2	df	CFI	TLI	RMSEA	SRMR	$\Delta\chi^2$	Δdf
六因子模型	844.82	382	0.94	0.93	0.05	0.05		
四因子模型	1222.36	391	0.89	0.87	0.07	0.07	377.54^{***}	9
三因子模型	2295.06	394	0.74	0.71	0.11	0.17	1450.24^{***}	12
单因子模型	3825.18	397	0.53	0.48	0.14	0.17	2980.36^{***}	15

注：N=437。
六因子模型：职业承诺、团队承诺、组织承诺、建言角色知觉、员工沉默行为、组织政治知觉；
四因子模型：职业承诺 + 团队承诺 + 组织承诺、建言角色知觉、员工沉默行为、组织政治知觉；
三因子模型：职业承诺 + 团队承诺 + 组织承诺、建言角色知觉 + 员工沉默行为、组织政治知觉；
单因子模型：职业承诺 + 团队承诺 + 组织承诺 + 建言角色知觉 + 员工沉默行为 + 组织政治知觉。

为检验样本数据是否存在共同方法偏差，本研究进行 Harman 单因素检验，将 6 个主要变量一同进行探索性因子分析，结果显示第一主成分能解释总体变异的 26.09%，小于 40% 的临界值，无法解释大部分的变异。此外，将共同方法偏差作为一个潜变量加入结构方程模型中，发现共同方法偏差潜变量模型拟合并未显著优于六因子模型（χ^2=842.12，df=382，CFI=0.94，TLI=0.93，RMSEA=0.05，SRMR=0.05）。因此，本研究的样本数据不存在显著的共同方法偏差。

4.3.3　描述性统计和相关分析

表 4–3 显示了本研究所涉及的自变量、中介变量、因变量、调节变量以及控制变量的均值、标准差和变量之间的相关系数。结果表明，团队承诺与建言角色知觉显著正相关（r=0.64，p<0.001），组织承诺也与建言角色知觉显著正相关（r=0.41，p<0.001），与本研究的假设一致。然而，职业承诺与建言角色知觉也是显著正相关（r=0.49，p<0.001）。建言角色知觉与员工沉默行为显著负相关（r=−0.20，p<0.001），团队承诺与员工沉默行为显著负相关（r=−0.15，p<0.01）。另外，从表 4–3 中可以看到，样本来源与本研究主要变量显著相关，入职年限与组织承诺和员工沉默行为显著相关，因此本研究对这些变量

进行控制。

表 4-3　变量的均值、标准差和变量之间的相关系数（子研究一）

变量	均值	标准差	1	2	3	4	5	6	7
1. 样本来源	0.46	0.50							
2. 入职年限	1.80	1.14	0.07	—					
3. 职业承诺	5.33	1.05	−0.14**	−0.06					
4. 团队承诺	5.46	0.95	−0.17***	0.01	0.60***				
5. 组织承诺	4.95	1.24	0.14**	0.10*	0.49***	0.57***			
6. 建言角色知觉	5.25	1.02	−0.16***	−0.05	0.49***	0.64***	0.41***		
7. 员工沉默行为	3.39	1.37	0.18***	−0.15**	0.07	−0.15**	−0.08	−0.20***	
8. 组织政治知觉	4.31	1.33	−0.07	−0.08	0.26***	0.06	0.04	0.02	0.58***

注：*p<0.05，**p<0.01，***p<0.001；N=437；样本来源：中国样本 =0，美国样本 =1。

4.3.4　假设检验

（一）员工多重承诺对建言角色知觉的效应检验

从表 4-4 可知，模型 1-1 检验职业承诺、团队承诺、组织承诺同时对建言角色知觉的影响，结果表明在控制了职业承诺和组织承诺的时候，团队承诺对建言角色知觉有显著的正向影响（B=0.82，SE=0.14，p<0.001），假设 1-2 得到支持。然而，在控制了另外两种承诺的时候，职业承诺对建言角色知觉的影响不显著（B=0.04，SE=0.08，ns），组织承诺对建言角色知觉的影响也不显著（B=−0.01，SE=0.08，ns），因此假设 1-1 和假设 1-3 并未得到支持。模型 1-2 检验建言角色知觉对员工沉默行为的影响，结果表明建言角色知觉对员工沉默行为有显著的负向影响（B=−0.28，SE=0.12，p<0.05）。

（二）建言角色知觉的中介效应检验

为检验建言角色知觉在职业承诺、团队承诺、组织承诺对员工沉默行为影

表 4-4　回归结果分析（子研究一）

	模型 1-1		模型 1-2		模型 1-3	
	建言角色知觉		员工沉默行为		建言角色知觉	
	B	SE	B	SE	B	SE
常数项	5.37***	0.14	3.47***	0.11	5.39***	0.09
控制变量						
样本来源	−0.12	0.08	0.46***	0.12	−0.12	0.08
入职年限	−0.04	0.04	−0.17***	0.05	−0.05	0.03
自变量						
职业承诺	0.04	0.08	0.45***	0.11	0.05	0.07
团队承诺	0.82***	0.14	−0.27	0.18	0.78***	0.11
组织承诺	−0.01	0.08	−0.13	0.09	−0.01	0.06
POP					−0.02	0.05
中介变量						
建言角色知觉			−0.28*	0.12		
调节变量						
POP× 职业承诺					−0.07	0.04
POP× 团队承诺					−0.11*	0.05
POP× 组织承诺					−0.05	0.04
R^2	0.57***		0.18***		0.56***	

注：*p<0.05，**p<0.01，***p<0.001；N=437；POP 表示组织政治知觉；样本来源：中国样本 =0，美国样本 =1。

响中的中介作用，本研究采用 Bootstrapping 方法对样本数据进行 5000 次重复抽样（Cheung 和 Lau，2008），结果如表 4-5 所示。结果表明，在控制了另外两种承诺的情况下，建言角色知觉对团队承诺与员工沉默行为关系的中介效应为 −0.16，95% 的置信区间为［−0.46，−0.09］，不包括 0，表明建言角色知觉的中介作用显著；在控制了建言角色知觉的效应后，团队承诺对员工沉默行为的直接效应为 −0.19，95% 的置信区间为［−0.38，0.05］，包括 0，说明建言角色知觉在团队承诺与员工沉默行为的关系中具有完全中介作用。因此，研究假设

1–5 得到支持。但是，建言角色知觉对职业承诺、组织承诺与员工沉默行为关系的中介效应分别为 −0.01 和 0.01，95% 的置信区间分别为［−0.06，0.02］和［−0.03，0.05］，均包括 0，表明建言角色知觉的中介作用均不显著，假设 1–4 和假设 1–6 未得到支持。

表 4–5　建言角色知觉的中介作用

作用路径	直接效应			中介效应		
	效应值	95% 置信区间		效应值	95% 置信区间	
		下限	上限		下限	上限
职业承诺—建言角色知觉—员工沉默行为	0.42	0.26	0.57	−0.01	−0.06	0.02
团队承诺—建言角色知觉—员工沉默行为	−0.19	−0.38	0.05	−0.16	−0.46	−0.09
组织承诺—建言角色知觉—员工沉默行为	−0.11	−0.24	0.02	0.01	−0.03	0.05

（三）调节效应检验

从表 4–4 可知，模型 1–3 检验组织政治知觉对职业承诺、团队承诺、组织承诺与建言角色知觉关系的调节作用，结果表明组织政治知觉对团队承诺与建言角色知觉关系的调节效应显著（B=−0.11，SE=0.05，p<0.05）。另外，通过简单斜率分析可知，在组织政治知觉高于 1 个标准差时，调节效应值为 0.67，SE 为 0.12，p<0.001；在组织政治知觉低于 1 个标准差时，调节效应值为 0.89，SE 为 0.13，p<0.001。所以，当组织政治知觉低的时候，团队承诺对建言角色知觉的正向作用增强，如图 4–2 所示。因此，研究假设 1–8 得到支持。然而，组织政治知觉对职业承诺（B=−0.07，SE=0.04，ns）、组织承诺（B=−0.05，SE=0.04，ns）与建言角色知觉关系的调节效应均不显著，假设 1–7 和假设 1–9 未得到支持。

有调节的中介模型检验结果表明，通过建言角色知觉，组织政治知觉对团队承诺与员工沉默行为关系的调节作用显著（有调节的中介指标为 −0.09，

p<0.05）。在组织政治知觉高于 1 个标准差时，有调节的中介效应值为 0.48，SE 为 0.10，p<0.001；在组织政治知觉低于 1 个标准差时，有调节的中介效应值为 0.66，SE 为 0.11，p<0.001。因此，研究假设 1–11 得到支持。然而，对于职业承诺和组织承诺，该效应不显著，假设 1–10 和假设 1–12 未得到支持。

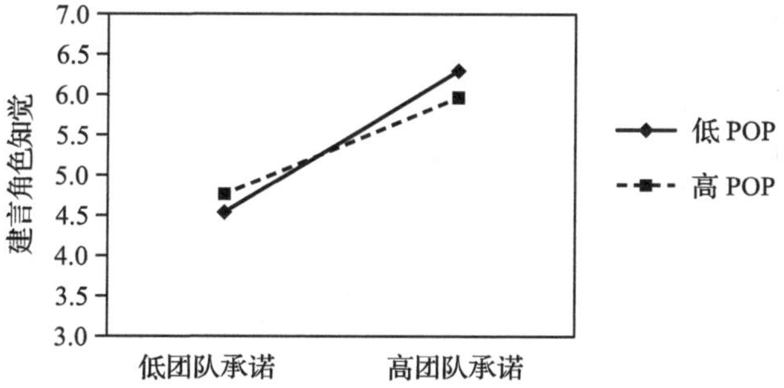

图 4–2　组织政治知觉对团队承诺与建言角色知觉关系的调节效应

（四）补充比较分析

本研究收集的数据分别来自中国和美国，权力距离、集体主义和个人主义等文化维度可能会对员工沉默行为产生影响（Morrison，2014），因此本研究补充对比两个样本中主要变量之间的关系，如表 4–6 所示。当控制了另外两种承诺时，在中国样本中职业承诺与建言角色知觉正相关（B=0.19，SE=0.06，p<0.01），但是在美国样本中不显著（B=0.01，SE=0.12，ns）。在两个样本中，团队承诺与建言角色知觉均正相关（中国样本：B=0.52，SE=0.08，p<0.001；美国样本：B=0.53，SE=0.12，p<0.001）。在两个样本中，组织承诺与建言角色知觉的相关性均不显著（中国样本：B=0.01，SE=0.05，ns；美国样本：B=0.19，SE=0.11，ns）。另外，建言角色知觉在中国样本中与员工沉默行为负相关（B=−0.32，SE=0.11，p<0.001），但是在美国样本中不显著（B=−0.18，SE=0.14，ns）。

在中国样本中，建言角色知觉在职业承诺{（−0.06），95%CI［−0.11，−0.02］，p<0.05}、团队承诺{（−0.16），95%CI［−0.28，−0.06］，p<0.05}对员工沉默行为的影响中均起中介作用。另外，有调节的中介模型检验结果表明，在中国样本中，通过建言角色知觉，组织政治知觉对职业承诺与员工沉默行为

表 4-6　中国与美国样本比较分析

	中国（N=237）						美国（N=200）					
	建言角色知觉		员工沉默行为		建言角色知觉		建言角色知觉		员工沉默行为		建言角色知觉	
	B	SE	B	SE	B	SE	B	SE	B	SE	B	SE
常数项	5.56***	0.09	4.90***	0.60	5.58***	0.10	5.05***	0.11	5.31***	0.70	5.04***	0.13
入职年限	−0.09	0.05	−0.02	0.07	−0.09	0.05	0.02	0.06	−0.38***	0.11	0.01	0.06
职业承诺	0.19**	0.06	0.27**	0.09	0.18**	0.06	0.01	0.12	0.61***	0.15	0.07	0.13
团队承诺	0.52***	0.08	−0.08	0.13	0.56***	0.08	0.53***	0.12	−0.33*	0.17	0.46***	0.11
组织承诺	0.01	0.05	−0.10	0.07	−0.02	0.05	0.19	0.11	−0.17	0.16	0.19	0.11
POP					−0.07	0.05					0.01	0.06
建言角色知觉			−0.32***	0.11					−0.18	0.14		
POP× 职业承诺					−0.14**	0.05					0.07	0.08
POP× 团队承诺					0.04	0.08					−0.15	0.09
POP× 组织承诺					0.01	0.04					0.05	0.07
R^2	0.36***		0.09*		0.40***		0.48***		0.19**		0.50***	

注：$^{*}p<0.05$，$^{**}p<0.01$，$^{***}p<0.001$；N=437；POP 表示组织政治知觉。

关系的调节作用显著（有调节的中介指标为 −0.05，$p<0.05$）。在组织政治知觉高于 1 个标准差时，有调节的中介效应值为 0.04，SE 为 0.08，ns；在组织政治知觉低于 1 个标准差时，有调节的中介效应值为 0.31，SE 为 0.07，$p<0.001$。然而，在美国样本中有调节的中介作用不显著（B=0.07，SE=0.08，ns）。

4.4　研究结果与讨论

4.4.1　研究结论

已有诸多研究表明，具有较高组织承诺的员工较不可能隐瞒自己对潜在的工作问题的想法和建议，而更有可能对领导提出建言（Duan、Lam、Chen 等，2010；Thomas、Whitman 和 Viswesvaran，2010）。但是这些研究主要探讨组织承诺，而对个体对其他对象的承诺（如职业承诺和团队承诺）与数字时代员工建言的关系关注较少。本研究聚焦于员工的职业承诺、团队承诺和组织承诺等多重承诺问题，并探讨了这三种承诺如何塑造数字时代员工对建言是否属于自己工作角色职责的认知，进而对员工沉默行为产生影响，此外考察情境因素即组织政治知觉在其中的调节作用。本研究通过来自中国和美国的样本数据发现，在控制了职业承诺和组织承诺的情况下，团队承诺通过建言角色知觉的中介作用对员工沉默行为产生影响，并且当组织政治知觉低的时候，这种中介作用更强。

4.4.2　理论意义和实践意义

本研究的理论贡献主要体现在以下三个方面。

第一，丰富了从员工多重承诺视角探究员工建言和沉默行为的前因变量的研究。已有研究提出员工会对多个对象产生承诺（Becker 和 Kernan，2003；Klein、Molloy 和 Brinsfield，2012；Reichers，1985），并且多个对象之间可能是有冲突的、存在竞争关系的，甚至是矛盾的。此外，也有研究指出员工对不同对象的承诺会对员工的态度和行为产生差别性影响（Bishop 和 Scott，2000；Johnson、Chang 和 Yang，2010；Wombacher 和 Felfe，2017）。但是已有研究忽视了员工多重承诺如何影响员工沉默行为。本研究探究员工的不同承诺如何通过建言角色知觉对沉默行为产生差异化的影响。已有关于员工建言和沉默行为的研究中占主导地位的观点是员工向领导者建言是因为他们关心组织的发展（Morrison，2014），本研究挑战该观点，并发现员工选择向领导提建议主要取决于他们对团队的承诺而非对组织或者职业的承诺。与组织中团队工作方式的日益盛行一致（Stewart、Astrove、Reeves 等，2017），本研究的发现表明员工更多根据他们的日常工作来塑造他们自己的工作角色，并定义自己的工作职责（Wombacher 和 Felfe，2017），而非基于自己对所在公司的总体感受，或考虑建言行为会如何影响自己的职业生涯。在数字时代，即时通信工具和协作平台的普及大大提升了沟通的即时性和便利性，使得员工更容易地分享想法和提出建议。在这种环境下，团队承诺对建言角色知觉的正面影响可能更为显著，进而更有效地减少员工沉默行为。在数字时代，虚拟团队成为工作常态化模式，面对面交流的减少可能影响团队凝聚力和承诺的形成，但也促进了跨地域、跨时区的合作，扩大了建言的范围，提升了建言的可能性。团队承诺在虚拟环境中通过数字平台表达，对建言角色知觉的影响可能更加依赖于技术的使用和组织的支持。此外，本研究的发现也支持了其他学者的观察结果，即向上沟通在团队情境中具有重要作用（LePine 和 Van Dyne，1998；Morrison、Wheeler-Smith 和 Kamdar，2011）。

然而，本研究未发现职业承诺通过建言角色知觉对员工沉默行为产生显著影响，可能是因为员工建言行为既可能给职业带来风险，也可能带来益处。挑战领导权威向领导提建议的行为，一方面可能会毁了职业生涯，另一方面提出有效的建议也可能使其脱颖而出，赢得领导对其自信心和能力的认可，进而对其职业生涯产生有利的影响。实际上，有关建言采纳的研究表明，在一些情况下领导会更加支持员工的建言行为，这取决于建言者的特征、建言动机、建言内容及其呈现方式（Burris，2012；Grant、Parker 和 Collins，2009；Whiting、

Maynes、Podsakoff 等，2012）。

第二，丰富了有关建言行为中介机制的研究。本研究发现了建言角色知觉在员工承诺和是否选择建言之间的中介作用。已有关于建言行为的研究主要聚焦的中介机制是建言安全感（Detert 和 Burris，2007）和建言有效性判断（Detert 和 Trevino，2010），然而，建言角色知觉也是影响员工自愿性行为的重要因素（Morrison，1994）。本研究探究建言角色知觉如何在员工多重承诺和员工沉默行为之间起中介作用，为未来员工建言行为和沉默行为的研究提供角色理论视角的新解释。

第三，本研究发现了组织政治知觉对团队承诺通过建言角色知觉影响员工沉默行为的调节作用，进一步验证了较高程度的组织政治环境可能会减弱个体差异（Harris、Andrews 和 Kacmar，2007；Hochwarter、Witt 和 Kacmar，2000；Kacmar、Bachrach、Harris 等，2011）。数字时代提供了更加多样化的沟通工具和平台，使得建言和信息分享更加便捷，这可能减弱团队承诺与员工沉默行为之间的关系。然而，本研究发现如果组织政治知觉较低，员工可能更愿意利用这些工具表达观点，强化了团队承诺通过建言角色知觉减少员工沉默行为的中介效应。另外，数字技术增加了工作场所的信息透明度，但也可能加剧监控感，影响员工对组织政治的感知。当组织政治知觉较低时，员工可能感到更少的外部压力，使得团队承诺更直接地转化为积极的建言行为，减少沉默。有影响力的组织成员表现出的政治行为所产生的角色期望与团队承诺相关的角色期望会产生矛盾，这种不一致的期望会促使员工寻找方法去解决认知失调问题（Festinger，1957），高团队承诺的员工则会弱化自己对建言是自己工作职责一部分的认知。由此可见，强情境会对员工的角色期望产生重要影响。

另外，通过样本比较分析，本研究发现相较于美国样本，建言角色知觉对员工沉默行为的负向影响在中国样本中更为显著。这可能是因为相对于美国员工，中国员工更少向上沟通，也更多受到社会规范和期望的影响。本研究的数据也表明，相比美国样本，在中国样本中，职业承诺会对建言角色知觉产生正向影响，并且在组织政治知觉低的时候这种正向影响更强，这可能是因为中国员工比美国员工更经常地在整个职业生涯中都为同一个雇主工作。

本研究的结果也可以为数字时代企业管理实践提供一定的启发。

第一，为防止员工在有想法时保持沉默，激励员工积极提建议，管理者应该使用多种管理政策增强成员的团队承诺，加强团队的任务管理，提升团队凝聚力。例如，在任务设计时增强成员的相互依赖性，确保团队内部的任务分配清晰、合理，建立良好的平衡和相互帮助机制；增强团队内部不同成员之间的交流和沟通，促进成员积极分享经验；发挥团队内部各个成员的优势，促进优劣互补和资源整合，提高团队成员的合作产出，增强成员的团队承诺。

第二，领导应该以身作则，减少工作中的组织政治行为，营造公正公平的组织氛围。领导的行为是员工自我角色认知的重要参照，若领导者更多地投入到有利于团队和组织发展的事务中，则能促进员工对自我工作角色的理解和学习。领导要最大限度地减少组织政治行为对员工的影响，并引导员工形成良性的组织政治知觉。此外，组织也需要通过一系列奖惩措施和制度规范等来避免组织政治行为，进而降低员工的组织政治感知。

第三，组织应积极构建开放、包容的沟通文化，鼓励员工表达观点和建议，特别是要利用数字技术优势，如即时通信工具、企业社交平台等，为员工提供便捷的建言渠道。这有助于强化团队承诺与员工建言行为的正向关系，减少组织内部的沉默行为。另外，在数字时代，通过透明化的沟通平台和数据驱动的决策支持系统，可以有效降低员工的组织政治知觉，增强团队承诺对员工建言行为的正向影响。在数字化工作环境中，特别要注重利用数字工具促进团队成员之间的日常互动和信息共享，以团队承诺为纽带，激发员工的建言积极性。

4.4.3 研究局限与未来展望

本研究探讨员工多重承诺对其沉默行为的影响，虽然得出了一些具有理论和实践意义的结论，但是仍存在以下不足之处，有待在未来的研究中进一步改进。

第一，尽管本研究的验证性因子检验结果表明各变量区分效度良好，且数据不存在严重的共同方法偏差，但是本研究无法验证变量之间的因果关系，未来可以通过多源数据收集的设计来验证本研究变量之间的关系。

第二，本研究仅考虑三种承诺如何同时影响员工是否建言的选择，未来研究可进一步探究不同承诺的交互作用如何对数字时代员工建言行为产生影响。另外，未来研究也可以进一步通过聚类分析技术，采取以个人为中心的视角来探讨不同子群体的员工在建言角色知觉和建言行为上的差异。

第三，本研究考察的是单维度的沉默行为，未来研究可进一步探究员工的不同承诺是否会导致不同类型的员工沉默行为，如默许型沉默或亲社会型沉默。

第四，本研究仅仅考察组织政治知觉这个情境因素的调节作用，未来研究可进一步探索其他因素如数字时代的沟通媒介使用、个体特质、领导方式或者行为等的调节作用，以拓展对员工多重承诺影响建言角色知觉的边界条件的认识。

第 5 章

子研究二：数字时代领导未采纳建言解释具体性对员工建言的影响

5.1 理论基础和研究假设

5.1.1 理论基础

社会交换理论（Social Exchange Theory）是一个融合管理学、社会心理学等多学科的理论。社会交换理论的假设是：所有社会生活都包含两方或者多方之间一系列相继发生的交易过程（Mitchell、Cropanzano 和 Quisenberry，2012）。资源的交换通过互惠（Reciprocity）的方式进行，而这些交换的质量受到参与双方之间关系的影响（Blau，1964）。通常情况下，在社会活动中存在经济交换（Economic Exchanges）和社会交换（Social Exchange）两种关系，经济交换关系中双方之间有更少的信任和更频繁的主动监控行为，而社会交换关系中双方之间的信任程度更高，并且拥有更开放和灵活的关系（Organ，1990）。

社会交换理论被运用到组织行为学的多个重要主题中，如组织公民行为、承诺、组织公平等。虽然这些主题分别强调社会交换理论的不同方面，但是 Cropanzano、Anthony、Daniels 等（2017）指出这些研究都包含互动过程中的三个共同特征。

第一，行为人对目标个体的初始对待。社会交换关系往往始于领导或同事等用消极或积极的方式对待目标个体，即初始行为（Initiating Actions）。积极的初始行为如提供组织支持，消极的初始行为如辱虐管理。

第二，目标个体对该行为在态度和行为上的互惠回应（Reciprocal Responses）。作为对初始行为的回应，下属或同事通常会选择以积极或消极的行为予以回报（Eisenberger、Cotterell 和 Marvel，1987）。根据社会交换理论，对于积极的初始行为，目标个体往往会以更积极的方式做出回应。大体上来讲，这种回应可以分为两种类型，即关系回应（Relational Response）和行为回应（Behavioral Response）。

第三，关系的形成。较多成功的互惠交换会将经济交换关系转化为高质量的社会交换关系，通过这种方式，员工可能会对组织形成较高的情感承诺（Meyer 和 Herscovitch，2001）。相反，若员工受到恶劣对待，则形成积极社会交换关系的可能性较小，由此产生的交换关系也可能是经济的，因为个体通常不会与那些伤害过他们的人产生亲密关系。

5.1.2 数字时代领导未采纳建言解释具体性与员工建言行为

领导在是否采纳员工的建议上拥有决策权，他们可以选择给予哪些建议以相应的组织资源支持，也可以决定拒绝采纳哪些建议（Mainemelis，2010）。另外，领导对员工建言行为的回应会影响建言者及旁观者的态度以及建言行为（Detert 和 Burris，2007；Janssen 和 Gao，2015），特别是当领导要传达负面信息的时候，这些信息可能会使员工感到沮丧（Amabile、Barsade、Mueller 等，2005），打击员工的自尊心（Baron，1988），甚至可能导致员工的攻击和报复行为（Chester 和 DeWall，2017），而提供具体的解释则是有效缓解这些负面影响的方式之一。

解释具体性是指对决策的理由进行解释的详尽、清楚和合理程度（Shapiro、Buttner 和 Barry，1994）。已有研究表明，对于负面决定（如裁员、负面反馈、拒绝加薪要求等）的具体而充分的解释可以提升员工对信息公平和程序公平的感知（Richter、Konig、Geiger 等，2018），增强员工对领导的信任感（Holtz 和

Harold，2008），提高员工的工作满意度（Loi、Yang 和 Diefendorff，2009），还可以促进合作（Shaw、Wild 和 Colquitt，2003）。在数字时代，沟通的透明度增加，领导对建言未被采纳的具体原因给出详尽的解释，能够增强员工对决策过程的理解和信任。这种透明度的提升有助于维护员工的心理安全感，即便建议未被采纳，员工也更可能继续提出建言。尽管领导在向员工表达负面信息时提供具体解释有诸多益处，但是由于害怕被指责或者受到情绪上的困扰，许多领导往往会在传达负面信息时给出含糊不清的解释，从而使员工疏远（Folger 和 Skarlicki，1998；Holtz 和 Harold，2008），增加员工的离职倾向（Kim，2009），不利于员工的心理健康（Lang、Bliese、Lang 等，2011），甚至有可能增加员工的不道德行为（Greenberg，1990）。员工建言行为是员工自愿向领导提出提升组织效率建议的角色外行为（Morrison，2011）。员工会自发选择是否建言，如果领导对未采纳员工建议给出的解释不充分，可能会使他们在今后有提高组织效率的想法时保持沉默。

数字技术使得反馈过程更加即时和高效。领导能够快速、具体地反馈建言采纳情况，减少信息滞后。这种即时的、具体的反馈机制让员工感受到自己的声音被听见，即使对结果不完全满意，也愿意继续参与建言过程。根据社会交换理论（Blau，1964），互惠原则促使个体形成有义务向给予者进行回馈的感知。领导提供具体解释可以帮助员工更好地理解和解释某种不确定性情况（Lind 和 Bos，2002）。领导为无法采纳员工建议提供具体解释时，可能提及公司资源有限、从领导层面需要权衡各方利益等原因。首先，公平感知是员工判断组织环境是否支持其建言行为的重要依据，同时也会对员工感知到的领导对建言的接受程度产生影响（Shaw、Wild 和 Colquitt，2003）。领导对未采纳建言的具体解释可以提升员工的信息公平感和程序公平感，使员工感知到领导对其建言行为的支持态度，从而有效促进员工继续提出建设性意见（促进性建言）或者发现组织发展中的问题（抑制性建言）。其次，获得他人尊重是人类最基本的需求之一，也是员工最重要的工作价值观之一。被尊重能够提供关于社会群体关系质量的信息，这也是自我归属感的重要来源。被领导尊重则体现了个体在群体中的地位、价值和社会地位（Tyler、Degoey 和 Smith，1996），因而领导对未采纳建言的具体解释可以增强员工被领导尊重的感知，提升其自我价值感，进一步促进其后续的建言行为。在数字时代，沟通渠道多样化，既有正式的报告系统，也有非正式的社交平台。具体解释不仅可以通过正式的反馈机制传达，也可以在非正式的交流中体现，这种灵活的沟通方式促进了信息的自然流动，使员工感到被尊重，激励他们持续贡献想法。最后，对拒绝员工建议给出具体解释可以让员工更好地了解建议的缺陷，促使其在此基础上继续提出改进建议（Deichmann、Dirk 和 Ende，2014）。基于此，本研究提出以下假设。

假设 2–1：领导未采纳建言解释具体性与员工促进性建言行为存在正相关关系。

假设 2–2：领导未采纳建言解释具体性与员工抑制性建言行为存在正相关关系。

5.1.3 领导未采纳建言解释具体性与心理安全感

根据社会交换理论（Blau，1964），社会活动是建立在互惠原则之上的，在社会互动中行动方向目标个体提供帮助或者支持，目标个体就会感知到进行回报的义务，进而实现资源在双方之间的交换。长期以来，互惠原则一直被学者们用来解释领导与下属之间的关系（Liao、Liu、Li 等，2019；Uhl–Bien 和 Maslyn，2003）。同时，信息是一种重要的可以交换的无形资源（Foa 和 Foa，1980）。因此，本研究认为领导对未采纳员工建议提供具体且充分的解释，能够增强员工建言的心理安全感，并且员工会在下一次有提高组织运行效率的想法时继续建言，作为报答行为回馈给领导。

领导在传递信息时提供更多解释会增强员工对领导的公平感知（Patient 和 Skarlicki，2010），使其更有可能接受负面信息（Greenberg，1994），并且减少负面信息带来的情绪耗竭（Cole、Bernerth、Walter 等，2010）。在数字时代，组织内部沟通更加依赖电子媒介，信息传递速度加快，透明度提升。领导对未采纳建言给予具体说明，能够增强员工对决策过程的理解，这种透明和开放的沟通方式提升了员工感知到的公平性，从而增强其心理安全感。领导对未采纳员工建议提供具体解释可以被当作其尊重和欣赏员工建言的信号（Janssen 和 Gao，2015），员工更有可能认为领导会支持并公平对待自己的建言行为，同时更倾向于认为领导重视与自己的交换关系，且正以安全的方式维护这种关系。而且，领导充分的解释向员工传递了领导重视并尊重员工建言权利的信号，因此领导未采纳建言解释具体性会增强员工的心理安全感。另外，数字技术使得反馈更加即时和个性化，领导可以迅速通过电子邮件、即时消息或企业社交平台给予具体反馈。及时且个性化的解释让员工感受到被重视，即使建言未被采纳，也能感受到组织对其投入的关注和尊重，增强其心理安全感。

相反，当领导在日常与员工的互动中倾向于给出模糊解释时，会降低员工对领导的信任感（Colquitt 和 Rodell，2011）。因此，如果领导对不采纳员工建议的决定给出含糊的解释，会让员工感知到领导对其建言行为的不支持态度（Cropanzano、Bowen 和 Gilliland，2007），进而增加员工对建言不安全的感知。如果领导没有对未采纳建言提供具体解释，员工可能会产生猜疑、不安或自我质疑，进而影响其心理安全感。在数字时代，具体解释可以迅速传达，减少员工对未采纳原因的不确定性，帮助员工理解个人贡献的价值。如此一来，即使员工在短期内未能看到成效，也能保持长期的积极性。基于此，本研究提出以下假设。

假设 2-3：领导未采纳建言解释具体性与员工心理安全感存在正相关关系。

5.1.4　心理安全感的中介作用

在数字时代，信息沟通的即时性和透明度得到显著提升，领导对未采纳建言的详细解释能够迅速、清晰地传达给员工。这种透明度增强了员工的心理安全感，因为他们能够理解决策背后的逻辑，即使建言未被采纳，也相信自己的意见得到了认真对待。这种心理安全感是员工持续提出促进性建言的基础。不论是促进性建言行为还是抑制性建言行为，都是有一定风险性的工作角色外行为，因为建言行为可能带来人际关系紧张、降低领导对建言者的绩效评估、阻碍建言者的职业发展（Dutton、Ashford、O'Neill 等，2001；Milliken、Morrison 和 Hewlin，2003）。心理安全感是员工对建言所带来风险的评估（Morrison，2011）。高建言安全感的个体更少担心建言行为带来的负面影响，有更强的意愿进行信息分享（Frazier、Fainshmidt、Klinger 等，2017）。此外，已有研究表明，心理安全感会对员工建言行为产生正向影响（Milliken、Morrison 和 Hewlin，2003；Liang、Farh 和 Farh，2012）。

根据社会交换理论（Blau，1964），在无法采纳员工建议时，领导提供具体解释能够使员工拥有较高的心理安全感，从而换取员工的持续建言行为。而且，员工会根据领导的具体解释判断自己在上下级关系中所处的地位，预估并对比建言行为的潜在风险，选择是否继续实施建言行为。在数字时代，虚拟团队和远程工作变得普遍，这增加了员工之间的距离感。领导对未采纳建言给出详细解释，成为建立和维护信任的重要手段，能够增强员工的心理安全感，进而鼓励员工在虚拟环境中也敢于提出促进性建言。领导对未采纳建议提供具体解释可以提升员工的心理安全感，员工会以积极的态度和行为来回馈这种公平对待和尊重，或是为促进组织发展继续提出新的建议（促进性建言），或是针对组织发展中的问题提出建议（抑制性建言）。基于此，本研究提出以下假设。

假设 2–4：心理安全感在领导未采纳建言解释具体性与员工促进性建言的关系中起中介作用。

假设 2–5：心理安全感在领导未采纳建言解释具体性与员工抑制性建言的关系中起中介作用。

5.1.5 领导成员交换关系的调节作用

领导成员交换（Leader–Member Exchange，LMX）体现工作场所中领导与员工的社会交换关系，是指上下级之间基于信任、尊重和义务形成的互惠关系及其程度（Graen 和 Uhl-Bien，1995）。在数字时代，尽管沟通方式更加多元和快捷，但高质量的领导成员交换关系是确保沟通深度和质量的关键。当领导和员工之间建立了高度信任的关系时，员工对领导未采纳建言的具体解释会更加信服，这种高度信任的环境提升了信息的接受度，进而增强了员工的心理安全感。根据社会交换理论，由于精力有限和个人偏好，领导在与不同员工互动时会投入差异化的资源，因而会与员工形成质量各异的社会交换关系（Graen 和 Uhl-Bien，1995）。高质量的领导成员交换关系代表领导和员工之间形成了成熟的伙伴关系，这一关系建立在高度信任和尊重的基础之上（Graen 和 Uhl-Bien，1995）。在高质量的领导成员交换关系下，领导更有可能鼓励员工接受具有挑战性的任务，并对员工有更高的绩效期望（Erdogan 和 Liden，2002）；员工则有更多机会与领导交换信息和想法，并有更多与领导沟通的渠道（Botero 和 Van Dyne，2009）。在数字时代，信息的个性化处理和反馈变得尤为重要。在高质量的领导成员交换关系下，领导更了解员工的需求和偏好，能够提供更加个性化和贴心的反馈。这种具体解释不仅提升了信息的透明度，而且符合个体的期待，对员工心理安全感的正面影响更加显著。相对应地，在低质量的领导成员交换关系下，领导和员工之间的互动通常局限于工作职责范畴（Graen 和 Uhl-Bien，1995），更多建立在低信任、低回报的经济交换基础上。在此情形下，员工接触领导的机会较少，所能获取的领导资源支持与信息也相对有限（Botero 和 Van Dyne，2009）。

根据社会交换理论（Dienesch 和 Liden，1986；Graen 和 Uhl-Bien，1995），领导成员交换关系会塑造双方对彼此的期望，员工会选择性地解释领导的行为，以增强他们对双方交换关系的认知。在数字时代，虽然面对面交流的机会变少，影响了交流深度和质量，但高质量的领导成员交换关系可以帮助克服这一障碍，使员工更能理解领导未采纳建言的立场和考量，即使反馈是通过数字渠道传达的。这种理解增强了员工的心理安全感，因为他们感到自己的观点被认真考虑，即使未被采纳。高质量的领导成员交换关系表现为领导与员工之间相互尊重、彼此欣赏，且忠诚度较高（Dienesch 和 Liden，1986）。领导与员工之间的建设性互动会增进上下级的相互信任，强化积极情感（Furst 和 Cable，2008）。另外，在高质量的领导成员交换关系中，员工更可能会寻找能够确认自己为“内圈人”的信息，因此更倾向于以积极的方式来理解领导的行为（Dulac、Coyleshapiro、Henderson 等，2008；Sparrowe、Soetjipto 和 Kraimer，2006）。在高质量的领导成员交换关系中，员工通常感觉自己被包含在一个支持性的网络中，这种网络在数字时代通过即时通信、社交平台等工具得到强化。当领导的具体解释得到这样的网络支持时，员工会因感受到组织与社会支持而增强心理安全感。因此，在高质量的领导成员交换关系中，员工更可能认为领导未采纳其建言的具体解释与领导之前与自己基于互信的互动行为相一致，并且认为领导重视自己的意见，支持自己提建议，进而有更强的建言心理安全感。

相对应地，在低质量的领导成员交换关系中，员工更可能将自己与领导的交换关系界定为交易关系（Graen 和 Uhl-Bien，1995）。交易关系通常始于对领导的敬畏，双方的互动局限于工作职责范围，较少遵循互惠原则。在这样的关系中，员工更倾向于将领导的不支持性行为解读为对抗性或者不公平的（Dulac、Coyleshapiro、Henderson 等，2008）。因此，员工更可能将领导拒绝采纳自己建议的行为作为领导不信任自己的表征，甚至将领导给出的解释当作领导的借口。这会增加员工对建言风险的感知，削弱其建言的心理安全感。基于此，本研究提出以下假设。

假设 2-6：领导成员交换关系正向调节领导未采纳建言解释具体性与心理安全感之间的关系。即在高质量的领导成员交换关系下，领导未采纳建言解释具体性对心理安全感的正向影响更强。

根据社会交换理论，高质量的领导成员交换关系会促使员工以角色外行为的形式予以回馈（Dulebohn、Bommer、Liden 等，2012）。本研究在假设 2-4 和假设 2-5 中分别提出了心理安全感在领导未采纳建言解释具体性与促进性建言和抑制性建言之间的中介作用，而在假设 2-6 中提出由于不同质量领导成员交换关系下的员工对领导未采纳建言解释具体性的解读不同，因此领导未采纳建言解释具体性对心理安全感的影响会产生差别，进而影响其促进性建言和抑制性建言行为。结合上述对中介和调节作用假设的论述，本研究提出以下假设。

假设 2-7：领导成员交换关系正向调节心理安全感在领导未采纳建言解释具体性与员工促进性建言之间的中介作用。即对于领导成员交换关系质量较高的员工，通过心理安全感的中介作用，领导未采纳建言解释具体性对其促进性建言的正向影响更强。

假设 2-8：领导成员交换关系正向调节心理安全感在领导未采纳建言解释具体性与员工抑制性建言之间的中介作用。即对于领导成员交换关系质量较高的员工，通过心理安全感的中介作用，领导未采纳建言解释具体性对其抑制性建言的正向影响更强。

综上所述，本研究提出理论模型，如图 5-1 所示。

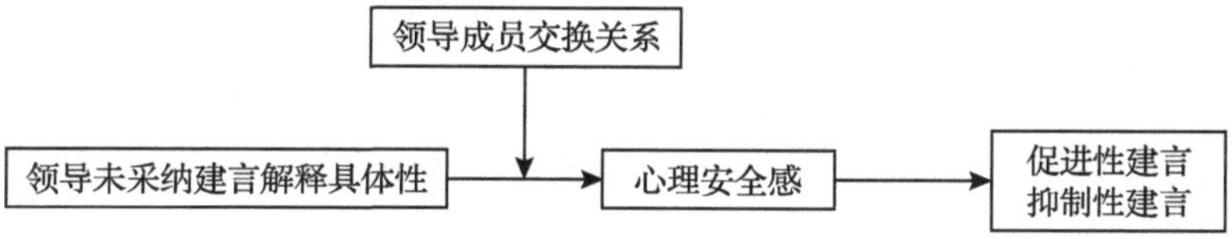

图 5-1　理论模型（子研究二）

5.1.6　总体研究设计

本研究采用情境实验与问卷调查两种方式验证上述理论模型。研究 1 以在职员工为被试对象，采用情境实验的方法让被试通过角色扮演模拟建言被拒绝的场景，验证领导未采纳建言解释具体性与心理安全感的因果关系，并探讨领导成员交换关系是否会调节领导未采纳建言解释具体性与心理安全感之间的关系。研究 2 以正在经历数字化转型或者已经完成数字化转型的企业的在职员工为调查对象，通过问卷调查的方式，实证在真实的职场情境中本研究提出的理论模型是否成立。

5.2 研究1：研究方法

5.2.1 被试

通过中国众包平台 Credamo（类似美国亚马逊众包平台 Mturk）的数据集市招募被试，所有被试均为正在经历数字化转型或者已经完成数字化转型的企业的在职员工。研究表明，从众包平台收集的数据具有与方便抽样相似的心理测量学特性，并且众包平台也是有效且可靠的数据收集来源（Buhrmester、Kwang 和 Gosling，2011；Paolacci、Chandler 和 Ipeirotis，2010）。剔除未通过注意力测试的被试，最终获得有效样本 275 份。其中，女性占 36.64%，平均年龄为 29 岁（SD=4.95），87.3% 拥有本科及以上学历，平均工作年限为 6.26 年（SD=4.81）。

5.2.2 实验材料与流程

本研究在最开始告知被试，他们将被要求在假设的情境中扮演相应的角色，并回答一系列问题。被试首先阅读有关美御营销策划公司的基本信息，该公司是一家主要服务国内的有影响力的品牌营销机构，其使命是通过品牌开发、推广和公关服务，为不同类型的企业提供一流的宣传和营销方案。接下来，让被试假设自己已经在美御营销策划公司担任了 3 年的营销顾问，在日常工作中被试的上级是王经理，他已经在美御营销策划公司工作了 10 年。接着，被试阅读有关自己与领导关系的一段描述。

本研究采用 2×2 两因素被试间实验设计，操纵的两个变量分别为领导成员交换关系（高和低）和领导未采纳建言解释具体性（高和低），由此产生四种情境，四种情境随机分配到被试中。其中，对领导成员交换关系的操纵参考的是 Babič、Černe 和 Connelly 等（2019）的研究。接下来，被试将被告知：公司最近接到客户蓝调咖啡馆的营销需求，上级王经理在经过认真策划后，提出了营销计划和宣传海报。同时告诉被试：你一直在思考王经理的营销计划和宣传海报，你认为他的方案可以更有吸引力。尽管你知道向经理提意见可能会对其权威形成一定挑战，但是为了公司的利益，经慎重考虑后，你还是对王经理的营销方案提出了改进建议。接下来，被试收到了王经理的邮件，邮件中解释了未采纳其建议的理由。对领导未采纳建言解释具体性的操纵参考的是 Frey 和 Cobb（2010）以及 King、Ryan 和 Dyne（2019）的研究。在被试收到此反馈之后，研究人员告诉被试：你所在的部门收到了另一个公司的营销设计请求，经过认真设计，王经理提出了针对该公司的营销方案。随后，研究人员询问被试是否愿意就这一方案继续向领导提建议。

5.2.3 测量工具

除特别说明外，研究中所有问卷均采用李克特七分量表，1—7 表示从“非常不同意”到“非常同意”。

领导未采纳建言解释具体性：本研究采用 Shapiro、Buttner 和 Barry（1994）开发的解释具体性量表，并将其运用在领导未采纳建言的情境中。量表共 4 个题项，测量条目如“经理给出了不采纳我的建议的具体解释”“经理给出的不采纳我的建议的理由比较含糊，让我不知道他拒绝我的建议的真实原因（反向题）”等。该量表的内部一致性信度 α 为 0.84。

领导成员交换关系：本研究采用 Graen 和 Uhl-Bien（1995）开发的领导成员交换关系量表，以确保与本研究情境实验的操纵设计保持一致。量表共 7 个题项，测量条目如“我和王经理有很好的工作关系”“我总是知道王经理对我工作的满意程度”等。该量表的内部一致性信度 α 为 0.97。

心理安全感：本研究参照 Morrison、Wheeler-Smith 和 Kamdar（2011）的研究，列举 LePine 和 Van Dyne（1998）开发的建言行为量表中的四种行为，然后询问被试进行这些行为在多大程度上是安全的，1—7 表示从“肯定不安全”到“绝对安全”。测量条目包括“发现影响公司的问题并就此向经理提出建议”“就影响公司的问题向经理提出建议，并且鼓励公司其他同事参与其中”等。该量表的内部一致性信度 α 为 0.93。

后续建言行为：本研究将此变量编码为二分类变量，其中 1 代表第二次继续有建言行为，0 代表第二次并没有建言行为。

5.2.4 实验结果

（一）操纵检验

在进行假设检验前，先对本研究的两个操纵变量进行检验。多因素方差分析（Univeriate ANOVA）结果表明，相比领导未采纳建言解释具体性低的情境（M=2.80，SD=0.81），在领导未采纳建言解释具体性高的情境下，被试感知到的领导解释更具体（M=4.95，SD=0.91），F 检验结果为 $F(1, 271)=427.57$，$p<0.001$，$\eta^2=0.61$。另外，感知的领导未采纳建言解释具体性对领导成员交换关系的影响不显著，$F(1, 271)=0.30$，$p=0.585$，$\eta^2=0.001$。同样地，多因素方差分析结果表明，在领导成员交换关系质量高的情境下，被试感知到的领导成员交换关系质量更高（M=5.85，SD=0.64），相比领导成员交换关系质量低的情境（M=2.82，SD=1.27），F 检验结果为 $F(1, 271)=612.47$，$p<0.001$，$\eta^2=0.693$。另外，感知的领导成员交换关系对领导未采纳建言解释具体性的影响不显著，$F(1, 271)=0.46$，$p=0.497$，$\eta^2=0.002$。以上结果表明，对领导未采纳建言解释具体性和领导成员交换关系这两个变量的操纵是有效的。

（二）假设检验

本研究首先用一般线性模型方差分析检验领导未采纳建言解释具体性对心理安全感的影响，以及领导未采纳建言解释具体性与领导成员交换关系的交互对心理安全感的影响。数据结果表明，领导未采纳建言解释具体性能显著正向预测心理安全感［$M_{high}=4.33$，SD=1.41；$M_{low}=3.38$，SD=1.08；$F(1, 271)=76.84$，$p<0.001$，$\eta^2=0.221$］。因此，假设 2–3 得到支持。另外，领导未采纳建言解释具体性与领导成员交换关系的交互对心理安全感也有显著影响，$F(1, 271)=10.62$，$p=0.001$，$\eta^2=0.038$（见图 5–2）。因此，假设 2–6 得到支持。

进一步检验分析发现，在领导成员交换关系质量高的情境中，被试在领导解释更具体下的心理安全感也更高［$M_{high}=5.38$，SD=1.01；$M_{low}=4.01$，

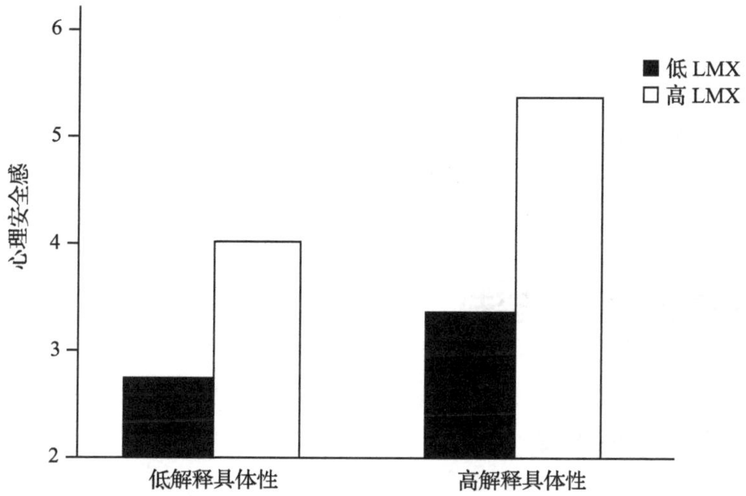

图 5-2　领导未采纳建言解释具体性与领导成员交换关系的交互作用

SD=1.03；F（1，271）=70.93，$p<0.001$]。在领导成员交换关系质量低的情境中，被试在领导解释更具体下的心理安全感也要更高 [M_{high}=3.37，SD=0.98；M_{low}=2.75，SD=0.70；F（1，271）=15.46，$p<0.001$]。

本研究依据 Hayes（2017）的 Bootstrap 方法，检验领导未采纳建言解释具体性与领导成员交换关系的交互是否通过心理安全感的中介作用对员工后续建言行为产生影响。由于本研究将后续建言行为设定为二分类变量，因此使用 Process 3.5 版本中的 Model 7 进行分析。在迭代 10000 次后，结果显示有调节的中介效应显著（指标 =1.46，SE=0.61），95% 的置信区间不包括 0（CI= [0.51，2.88]），初步表明有调节的中介效应存在。

5.2.5　讨论

研究 1 的情境实验初步验证了假设 2-3 和假设 2-6。相比领导在未采纳员工建议时提供模糊的解释，领导提供的解释越具体，员工的心理安全感越高。本情境实验的研究结果还表明，领导成员交换关系会正向调节领导未采纳建言解释具体性对心理安全感的影响。另外，研究 1 的结果也初步表明，通过心理安全感的中介作用，领导未采纳建言解释具体性与领导成员交换关系的交互会对员工后续建言行为产生影响。研究1为情境实验研究，所得结论是否适用于真实的工作场景，需要进一步探究。因此，在研究2中，我们通过问卷调查的方法，再次检验心理安全感在领导未采纳建言解释具体性影响员工后续建言行为中的中介作用，并探讨领导成员交换关系的边界效应。

5.3 研究2：研究方法

5.3.1 样本和数据收集

本研究通过校友滚雪球抽样的方式收集问卷调查数据，分两个时间点进行收集，前后间隔三个星期，并通过参与者手机号后四位来匹配两次的数据。在第一个时间点，首先让参与者回忆过去的一个月内，为了改善所在团队、部门或组织的现状，是否有主动地向领导提出建议、意见或想法的行为。如果选择“没有”，则直接跳转到问卷结尾。对于选择“有”的参与者，接着让其选择领导是否采纳了建议，如果选择“领导采纳了建议”，则直接跳转到问卷结尾。接下来，让参与者详细描述自己当时在工作中所遇到的问题、给领导的具体建议以及领导是如何拒绝建议的，然后测量领导未采纳建言解释具体性、上次建议未被采纳后的心理安全感、领导成员交换关系，并让参与者填写入职年限等基本人口统计学信息。三个星期后，向相同的被试收集促进性建言和抑制性建言变量数据，询问其在上次问卷中填写的建议被领导拒绝后，发生促进性和抑制性建言行为的频率相比被拒绝之前的变化。两次问卷都设置了注意力测试题项。第一次发放问卷1560份，剔除无建言被拒绝情况、主观题回答与题干无关的问卷后，得到有效样本364份。第二次收集样本时，剔除未参加、未通过注意力测试、后续没有任何建言行为的参与者，最后得到两次匹配的样本274份。样本来自日照、武汉、济南、上海的企事业单位员工。从性别来看，女性参与者占64.6%，男性占35.4%。从学历水平来看，73.7%为本科学历，2.2%为高中及以下学历，12.4%为中专或大专学历，11.7%为研究生及以上学历。行业分布涵盖教育（占比 29.6%）、金融（占比 20.4%）、房地产（占比 13.9%）、IT（占比 15.7%）等。从职位来看，86.1% 为一般员工，10.9% 为基层管理者，2.9% 为中层管理者。

5.3.2　变量测量

本研究所有变量的测量均使用国外权威期刊上发表的成熟量表，结合本研究建言未被采纳的情境，在两名人力资源管理专业且精通中英文的研究者进行“翻译 – 回译”的基础上（Brislin，1986），邀请专业人员试填问卷，并根据其反馈调整表述，以确保整个问卷清晰易懂。如无特别说明，研究中所有题项均采用李克特七分量表，1—7 表示从“非常不同意”到“非常同意”。

领导未采纳建言解释具体性：本研究采用研究 1 中 Shapiro、Buttner 和 Barry（1994）开发的解释具体性量表。该量表共 4 个题项，内部一致性信度 α 为 0.79。

心理安全感：本研究综合 May、Gilson 和 Harter（2004）以及 Edmondson（1999）开发的量表对心理安全感进行测量，共 5 个题项，测量条目如“尽管领导上次没有采纳我的建议，但在日常工作中我仍然不需要总是小心翼翼”“尽管领导上次没有采纳我的建议，但在日常工作中我仍然可以讲出心中所想”等。该量表的内部一致性信度 α 为 0.94。

促进性建言和抑制性建言：对促进性建言和抑制性建言的测量采用 Liang、Farh 和 Farh（2012）开发的量表，共 10 个题项。两个变量的测量都是让员工填写在上次提建议被拒绝之后，员工出现量表所列行为的频率（1—7 表示从“没有”到“每天”）。促进性建言量表共 5 个题项，测量条目如“对可能影响组织的事，积极提出建议”“为改进组织工作流程，积极提出建议”等，该量表的内部一致性信度 α 为 0.93。抑制性建言量表共 5 个题项，测量条目如“坦诚地指出可能严重影响组织的问题，即使存在反对意见”“勇于指出可能影响组织效率的事情，即使这样做会使其他人难堪”等，该量表的内部一致性信度 α 为 0.87。

领导成员交换关系：本研究采用 Graen 和 Uhl–Bien（1995）开发的量表测

量领导成员交换关系，共 7 个题项，测量条目如“我总是知道领导对我工作的满意程度”“我的领导了解我的工作问题和需求”等。该量表的内部一致性信度 α 为 0.88。

控制变量：考虑到年龄、入职年限、组织规模、受教育水平和主动性人格会对员工后续建言行为产生影响，本研究将这些变量作为控制变量。具体来讲，有研究表明，年龄大、入职年限长、受教育水平高的员工，其建言行为更多（段锦云、张晨和徐悦，2016；LePine 和 Van Dyne，1998）。本研究将这三个变量作为控制变量，以具体年岁衡量年龄，以进入当前公司的年限衡量入职年限，将受教育水平分为六档，1 分表示“小学及以下”，2 分表示“初中”，3 分表示“高中 / 中专 / 技校”，4 分表示“大学专科”，5 分表示“大学本科”，6 分表示“硕士研究生及以上”。有学者指出，组织规模也是影响员工建言行为的因素之一（Bryson、Freeman、Gomez 等，2019）。本研究将组织规模作为控制变量，将公司职工人数分为五档，1 分表示“100 人及以下”，2 分表示“101~500 人”，3 分表示“501~2000 人”，4 分表示“2001~5000 人”，5 分表示“5001 人及以上”。此外，主动性人格是个体发现改变环境的机会，并主动采取行动的倾向（Crant，2000）。作为稳定的人格特质，主动性人格强的员工即使遭遇困难也仍然会表现出组织公民行为（Li、Liang 和 Crant，2010）。本研究采用 Bateman 和 Crant（1993）开发的量表测量主动性人格，共 3 个题项，测量条目如“我总是在寻找更好的方法来做事情”“即使别人反对，我也愿意坚持自己的想法”等。该量表的内部一致性信度 α 为 0.78。

5.3.3 统计分析技术

在进行假设检验之前，本研究运用 Mplus 7.4 软件，通过验证性因子分析（Confirmatory Factor Analysis，CFA）检验量表的区分效度。模型拟合由卡方统计（χ^2）、RMSEA（Root Mean Square Error of Approximation）、SRMR（Standardized Root Mean Square Residual）、CFI（Comparative Fit Index）和 TLI（Tucker Lewis index）这些指标衡量。根据模型拟合指标标准，RMSEA 和 SRMR 的值小于

0.05 表示模型拟合良好，处于 0.05 和 0.08 之间表示合理（Browne 和 Cudeck，1993），CFI 和 TLI 的值处于 0 到 1 之间，越接近 1 表示模型拟合越好，一般大于 0.90 表示模型拟合较好（Hu 和 Bentler，1999）。

在测量模型的具体分析过程中，本研究首先检验了六因子模型（领导未采纳建言解释具体性、心理安全感、促进性建言、抑制性建言、领导成员交换关系、主动性人格），然后将六因子模型合并为五因子模型（领导未采纳建言解释具体性、心理安全感、促进性建言和抑制性建言、领导成员交换关系、主动性人格）、四因子模型（领导未采纳建言解释具体性和领导成员交换关系、心理安全感、促进性建言和抑制性建言、主动性人格）、三因子模型（领导未采纳建言解释具体性和领导成员交换关系、心理安全感和两类建言、主动性人格）和单因子模型（所有变量）。此外，本研究通过两种方法检验共同方法偏差：第一，采用最常用的 Harman 单因素检验方法，检验析出的公因子是否会解释大部分变异；第二，运用潜在共同方法因子控制法，将共同方法偏差作为一个潜变量纳入结构方程模型中，与假设模型进行比较，通过模型拟合优度来检验是否存在共同方法偏差（Podsakoff、MacKenzie、Lee 等，2003）。在假设检验的具体分析过程中，本研究采用结构方程模型（SEM）检验直接效应和间接效应，通过潜变量调节结构方程法（Latent Moderated Structural Equation Modeling，LMS）检验调节效应（Dimitruk、Schermelleh-Engel、Kelava 等，2007）。

5.4 数据分析结果

5.4.1 区分效度和共同方法偏差检验

本研究通过验证性因子分析，检验 6 个主要变量（包括领导未采纳建言解释具体性、心理安全感、促进性建言、抑制性建言、领导成员交换关系、主动性人格）的区分效度，结果如表 5-1 所示。结果表明，六因子模型要显著优于五因子模型 [$\Delta\chi^2$（5）=122.57，$p<0.001$]、四因子模型 [$\Delta\chi^2$（9）=688.00，

$p<0.001$]、三因子模型 [$\Delta\chi^2$(12)=820.77，$p<0.001$] 和单因子模型 [$\Delta\chi^2$(15)= 1029.52，$p<0.001$]，因此六因子模型的拟合效果最好。

表 5-1 验证性因子分析结果（子研究二）

模型	χ^2	*df*	CFI	TLI	RMSEA	SRMR	$\Delta\chi^2$	Δ *df*
六因子模型	751.20	362	0.93	0.92	0.06	0.05		
五因子模型	873.77	367	0.90	0.89	0.07	0.06	122.57***	5
四因子模型	1439.20	371	0.79	0.77	0.10	0.16	688.00***	9
三因子模型	1571.97	374	0.77	0.75	0.11	0.16	820.77***	12
单因子模型	1780.72	377	0.73	0.71	0.12	0.11	1029.52***	15

注：N=274。

六因子模型：领导未采纳建言解释具体性、心理安全感、促进性建言、抑制性建言、领导成员交换关系、主动性人格；

五因子模型：领导未采纳建言解释具体性、心理安全感、促进性建言 + 抑制性建言、领导成员交换关系、主动性人格；

四因子模型：领导未采纳建言解释具体性 + 领导成员交换关系、心理安全感、促进性建言 + 抑制性建言、主动性人格；

三因子模型：领导未采纳建言解释具体性 + 领导成员交换关系、心理安全感 + 促进性建言 + 抑制性建言、主动性人格；

单因子模型：领导未采纳建言解释具体性 + 领导成员交换关系 + 心理安全感 + 促进性建言 + 抑制性建言 + 主动性人格。

为检验样本数据是否存在共同方法偏差，本研究进行 Harman 单因素检验，将 6 个主要变量一同进行探索性因子分析，结果显示第一主成分能解释总体变异的 12.68%，小于 40% 的临界值，无法解释大部分的变异。此外，将共同方法偏差作为一个潜变量加入结构方程模型中，发现共同方法偏差潜变量模型拟合并不优于六因子模型（χ^2=874.43，*df* =340，CFI=0.92，TLI=0.90，RMSEA=0.07，SRMR=0.06）。因此，本研究的样本数据不存在显著的共同方法偏差。

5.4.2 描述性统计和相关分析

表 5-2 显示了本研究所涉及的自变量、中介变量、因变量、调节变量以及控制变量的均值、标准差和变量之间的相关系数。结果表明，领导未采纳建言解释具体性与心理安全感显著正相关（$r=0.59$，$p<0.01$），与促进性建言

表 5-2 变量的均值、标准差和变量之间的相关系数（子研究二）

变量	均值	标准差	1	2	3	4	5	6	7	8	9
1. 年龄	32.53	5.36									
2. 受教育程度	4.80	0.56	-0.12^{*}								
3. 入职年限	4.16	3.79	0.52^{**}	−0.08							
4. 组织规模	2.42	0.95	−0.02	0.01	0.01						
5. 主动性人格	5.44	0.68	0.03	−0.02	0.02	0.08					
6. NES	4.78	1.14	0.02	−0.01	0.03	0.06	0.14^{**}				
7. 心理安全感	5.03	1.19	0.04	−0.02	0.07	0.03	0.23^{**}	0.59^{**}			
8. 促进性建言	3.56	0.88	0.04	−0.02	0.04	0.07	0.20^{**}	0.59^{**}	0.60^{**}		
9. 抑制性建言	3.26	0.86	0.01	0.03	−0.01	0.09	0.23^{**}	0.48^{**}	0.57^{**}	0.53^{**}	
10. LMX	5.02	0.82	0.08	−0.05	0.04	0.04	0.26^{**}	0.11^{**}	0.29^{**}	0.18^{**}	0.17^{**}

注：$^{*}p<0.05$，$^{**}p<0.01$，$^{***}p<0.001$；N=274；NES 表示领导未采纳建言解释具体性；LMX 表示领导成员交换关系。

（r=0.59，p<0.01）和抑制性建言（r=0.48，p<0.01）均显著正相关。心理安全感与促进性建言显著正相关（r=0.60，p<0.01），与抑制性建言也显著正相关（r=0.57，p<0.01）。初步验证了本研究的假设。另外，从表 5–2 中可以看到，主动性人格与心理安全感、促进性建言和抑制性建言都显著相关，因此本研究对主动性人格变量进行控制。

5.4.3 假设检验

（一）直接效应检验

从表 5–3 可知，模型 2–1 和模型 2–2 分别检验领导未采纳建言解释具体性对促进性建言和抑制性建言的影响，结果表明，领导未采纳建言解释具体性对促进性建言有显著的正向影响（B=0.54，SE=0.04，p<0.001），对抑制性建言也有显著的正向影响（B=0.47，SE=0.05，p<0.001），假设 2–1 和假设 2–2 得到支持。模型 2–3 检验领导未采纳建言解释具体性对心理安全感的影响，结

表 5–3 回归结果分析（子研究二）

	模型 2–1		模型 2–2		模型 2–3	
	促进性建言		抑制性建言		心理安全感	
	B	SE	B	SE	B	SE
常数项	3.25^{***}	0.54	2.91^{***}	0.47	5.10^{***}	0.61
控制变量						
年龄	0.02	0.01	0.01	0.01	0.01	0.01
受教育程度	−0.05	0.07	0.01	0.07	−0.07	0.09
入职年限	−0.02	0.01	0.01	0.02	−0.01	0.01
组织规模	0.03	0.03	0.04	0.03	−0.02	0.06
主动性人格	0.12	0.08	0.21^{**}	0.08	0.26^{*}	0.11
自变量						
NES	0.54^{***}	0.04	0.47^{***}	0.05	0.87^{***}	0.10
R^2	0.75^{***}		0.61^{***}		0.85^{***}	

注：$^{*}p<0.05$，$^{**}p<0.01$，$^{***}p<0.001$；N=274；NES 表示领导未采纳建言解释具体性。

果表明领导未采纳建言解释具体性对心理安全感有显著的正向影响（B=0.87，SE=0.10，$p<0.001$），假设 2-3 得到支持。

（二）心理安全感的中介效应检验

表 5-4 中模型 2-4 和模型 2-5 的结果表明，心理安全感对促进性建言有显著的正向影响（B=0.35，SE=0.12，$p<0.01$），对抑制性建言也有显著的正向影响（B=0.52，SE=0.20，$p<0.01$）。为检验心理安全感在领导未采纳建言解释具体性对促进性建言和抑制性建言影响中的中介作用，本研究采用 Bootstrapping 方法对样本数据进行 5000 次重复抽样（Cheung 和 Lau，2008），结果如表 5-5 所示。

表 5-4　层级回归结果分析（子研究二）

	模型 2-4		模型 2-5		模型 2-6	
	促进性建言		抑制性建言		心理安全感	
	B	SE	B	SE	B	SE
常数项	3.19^{***}	0.55	2.87^{***}	0.50	5.12^{***}	0.51
控制变量						
年龄	0.01	0.01	0.01	0.01	0.01	0.01
受教育程度	−0.02	0.06	0.05	0.07	−0.06	0.07
入职年限	−0.02	0.01	0.01	0.01	−0.01	0.01
组织规模	0.04	0.04	0.05	0.04	−0.03	0.04
主动性人格	0.03	0.08	0.08	0.08	0.14	0.12
自变量						
NES	0.25^{*}	0.12	0.03	0.20	0.89^{***}	0.07
中介变量						
心理安全感	0.35^{**}	0.12	0.52^{**}	0.20		
调节变量						
LMX					0.12^{*}	0.06
LMX × NES					0.07^{*}	0.03
R^2	0.79^{***}		0.70^{***}		0.88^{***}	

注：$^{*}p<0.05$，$^{**}p<0.01$，$^{***}p<0.001$；N=274；NES 表示领导未采纳建言解释具体性；LMX 表示领导成员交换关系。

表 5-5 心理安全感的中介作用（子研究二）

作用路径	直接效应			中介效应		
	效应值	95% 置信区间		效应值	95% 置信区间	
		下限	上限		下限	上限
领导未采纳建言解释具体性—心理安全感—促进性建言	0.25	0.12	0.35	0.31	0.22	0.64
领导未采纳建言解释具体性—心理安全感—抑制性建言	0.03	−0.43	0.25	0.46	0.23	0.76

结果表明，对于促进性建言，心理安全感的中介效应为 0.31，95% 的置信区间为［0.22，0.64］，不包括 0，表明心理安全感的中介作用显著；在控制了心理安全感的效应后，领导未采纳建言解释具体性对促进性建言的直接效应为 0.25，95% 的置信区间为［0.12，0.35］，不包括 0，说明心理安全感在领导未采纳建言解释具体性与促进性建言的关系中具有部分中介作用。因此，假设 2-4 得到支持。对于抑制性建言，心理安全感的中介效应为 0.46，95% 的置信区间为［0.23，0.76］，不包括 0，表明心理安全感的中介作用显著；在控制了心理安全感的效应后，领导未采纳建言解释具体性对抑制性建言的直接效应为 0.03，95% 的置信区间为［−0.43，0.25］，包括 0，说明心理安全感在领导未采纳建言解释具体性与抑制性建言的关系中具有完全中介作用。因此，假设 2-5 得到支持。

（三）调节效应检验

从表 5-4 可知，模型 2-6 检验领导成员交换关系对领导未采纳建言解释具体性与心理安全感关系的调节作用，结果表明领导成员交换关系对领导未采纳建言解释具体性与心理安全感关系的调节效应显著（B=0.07，SE=0.03，$p<0.05$）。另外，通过简单斜率分析可知，在领导成员交换关系高于 1 个标准差时，调节效应值为 0.96，$p<0.001$，95% 的置信区间为［0.82，1.10］；在领导成员交换关系低于 1 个标准差时，调节效应值为 0.82，$p<0.001$，95% 的置信区间为［0.71，0.93］。所以，当领导成员交换关系质量高的时候，领导未采纳建言解释具体性对心理安全感的正向作用增强，如图 5-3 所示。因此，假设 2-6 得到支持。

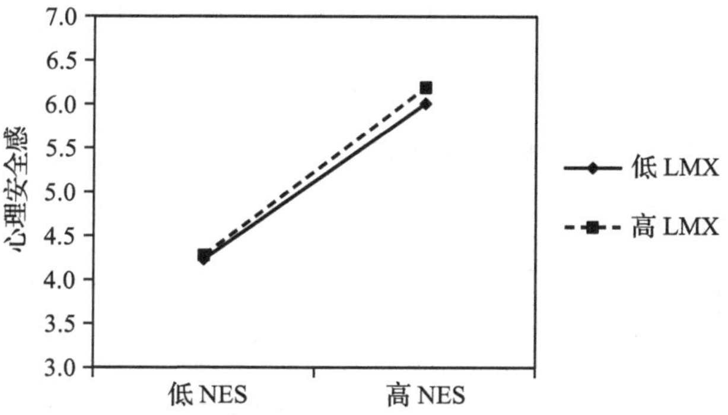

图 5-3　领导成员交换关系对领导未采纳建言解释具体性与心理安全感关系的调节效应

有调节的中介模型检验结果表明，对于促进性建言，通过心理安全感，领导成员交换关系对领导未采纳建言解释具体性与促进性建言关系的调节作用显著（有调节的中介指标为 0.03，$p<0.05$）。在领导成员交换关系高于 1 个标准差时，有调节的中介效应值为 0.36，$p<0.001$，95% 的置信区间为［0.19，0.53］；在领导成员交换关系低于 1 个标准差时，有调节的中介效应值为 0.31，$p<0.001$，95% 的置信区间为［0.17，0.45］。因此，假设 2-7 得到支持。对于抑制性建言，通过心理安全感，领导成员交换关系对领导未采纳建言解释具体性与抑制性建言关系的调节作用显著（有调节的中介指标为 0.04，$p<0.05$）。在领导成员交换关系高于 1 个标准差时，有调节的中介效应值为 0.49，$p<0.001$，95% 的置信区间为［0.28，0.71］；在领导成员交换关系低于 1 个标准差时，有调节的中介效应值为 0.42，$p<0.001$，95% 的置信区间为［0.24，0.60］。因此，假设 2-8 得到支持。

5.5　研究结果与讨论

5.5.1　研究结论

总结上文，本研究发现已有建言研究存在两个方面的不足，一是缺乏从建言的系统整合视角的探讨，二是忽视领导未采纳建言这一因素对数字时代员工再建言行为的影响。然而，领导者拒绝采纳员工建言的情况在组织中是普遍存在的。为了从建言过程视角探讨建言行为的影响因素，本研究基于社会交换理论，关注领导未采纳建言解释具体性如何影响数字时代员工的再建言行为，并探究心理安全感在其中的中介作用和领导成员交换关系的调节作用。研究结果表明，领导未采纳建言解释具体性能正向影响员工后续的促进性建言和抑制性建言；心理安全感在领导未采纳建言解释具体性与员工后续促进性建言的关系中有部分中介作用，心理安全感在领导未采纳建言解释具体性与员工后续抑制性建言的关系中有完全中介作用；领导成员交换关系正向调节领导未采纳建言解释具体性与员工心理安全感的正向关系，进而调节心理安全感在领导未采纳建言解释具体性与促进性建言和抑制性建言之间的中介作用。

5.5.2　理论意义和实践意义

本研究的理论贡献主要体现在以下三个方面。

第一，已有建言研究多从员工会多次建言的假设出发，本研究挑战该假设，从建言过程的角度出发，为建言研究提供新的视角。已有关于建言行为前因变量及影响结果的研究都建立在员工会重复建言的假设基础上（Grant，2013；Lam、Rees、Levesque 等，2018）。然而，在组织管理实践中，员工建言未被采纳的情形是经常会发生的。一方面，由于组织资源有限，领导需要对资源进行统筹性分配（Deichmann 和 Ende，2014），无法满足所有建言者的需求；另一方面，部分员工提出的建议本身就可能是不合理的，会囿于其所在职级的认知，或者未经过深思熟虑，因而无法被领导采纳。从建言过程的角度研究员工建言行为，研究领导拒绝采纳其建议对其后续再建言行为的影响，有助于发掘员工建言行为的变化过程，丰富关于建言行为动态过程的研究。

第二，探究领导未采纳建言解释具体性对数字时代员工后续再建言行为的影响及其作用机制，有助于丰富和拓展关于员工建言行为影响因素的研究。已有研究主要从建言者个体和情境两个方面探究员工建言行为的前因变量（Morrison，2011；Morrison，2014），个体方面主要有个体人格特质、人口统计学特征、个体态度等因素（如段锦云、张晨和徐悦，2016；Detert 和 Burris，2007；Tangirala、Kamdar、Venkataramani 等，2013；Walumbwa 和 Schaubroeck，2009），情境方面主要有领导风格、团队和组织等因素（如段锦云和黄彩云，2014；Duan、Li、Xu 等，2017；Liu、Zhu 和 Yang，2010；Morrison、Wheeler-Smith 和 Kamdar，2011；Zhang、Huai 和 Xie，2015）。虽然领导风格是影响员工建言的重要环境因素，但是领导者是否采纳建言对员工建言有更直接的影响。有学者探究领导对建言的采纳对员工建言的影响及其机制（章凯、时金京和罗文豪，2020），本研究则关注领导未采纳建言解释具体性对员工后续再建言的影响及其作用机制，不仅厘清了领导未采纳建言解释具体性与员工后续再建言之间的关系，也丰富和拓展了有关建言行为前因变量的研究。

在数字时代，信息传播速度快，覆盖面广，领导对未采纳建言提供的具体解释能够迅速、广泛地传达给员工，这种高透明度的沟通方式在增强员工信任感的同时，也提升了组织文化的开放性水平。由于数字时代工作环境的虚拟化和工作方式的灵活性，员工可能更容易感到孤立或不安全。领导对未采纳建言提供具体解释不仅提高了决策透明度，还帮助员工理解个人贡献的价值。即便建言未被采纳，员工也能感受到被尊重和价值认同，这对于形成和维护员工的心理安全感至关重要。在这一背景下，心理安全感作为中介变量的作用更加突出，它不仅部分中介了领导未采纳建言解释具体性与促进性建言的关系，还在领导未采纳建言解释具体性与抑制性建言的关系中起到了完全中介作用。这表明在数字时代，员工在感到安全的环境中更愿意提出包括批评性意见在内的各种建言。

第三，深化了关于领导成员交换关系对领导未采纳建言解释具体性与数字时代员工建言行为关系的调节作用的认识。随着远程工作和虚拟团队的增多，员工在非实体办公环境中可能感到孤立和不安全。高质量的领导成员交换关系在数字时代为虚拟工作环境中的信任构建提供了坚实基础，领导具体而真诚的反馈能够跨越地理界限，有效增强员工的归属感和信任感，对提升其心理安全感起到关键作用。在领导未采纳建言解释具体性与员工心理安全感的关系中，不同质量的领导成员交换关系具有差异性的影响。具体来讲，当员工感知到高质量的领导成员交换关系时，会增强领导未采纳建言解释具体性对员工心理安全感的正向影响。数字技术允许领导者根据每个员工的特点提供更加个性化和定制化的反馈，这在高质量的领导成员交换关系中尤为重要。领导的具体性解释结合了个体的偏好和需求，使得反馈更加贴合员工的期望，从而在数字时代背景下更有效地增强其心理安全感。本研究进一步验证了领导成员交换关系对员工主动性行为的差异性影响（McCarthy、Trougakos 和 Cheng，2016；Sparrowe、Soetjipto 和 Kraimer，2006），并且有助于丰富关于影响员工建言心理安全感的边界条件的研究。

本研究的结果也可以为企业管理实践提供一定的启发。

第一，虽然领导者期望员工积极建言以提高组织运行效率，但员工建言无法被采纳的情况屡见不鲜。本研究发现领导未采纳建言时提供的解释越具体，越可能促进员工的后续建言。这启示领导者在拒绝采纳员工建议的时候，应该尽可能地提供详尽和清晰的理由，促使员工换位思考，从领导者视角理解为何当前建议无法被采纳。同时，这也能让员工感知到领导者对自己建议的重视，明白建议无法被采纳的理由，从而继续优化该建议，提出更符合实际的方案。

第二，在数字时代，信息流转速度快，但有效沟通的质量往往决定着团队的凝聚力和创新能力。在鼓励员工建言的时候，领导者应该关注员工建言后的变化过程，特别是当领导未采纳其建议的时候，建言心理安全感是促进员工继续建言的重要因素。即使无法采纳员工建议，领导也应该建立积极的反馈通道，增强员工的建言安全感知，进而促进其持续建言。领导者应提升沟通技能，利用数字工具（如企业社交平台、在线会议系统）进行即时、透明的反馈，从而维护和提升团队的心理安全感。针对不同的建议类型和不同的员工，领导者需要有针对性地考虑如何增强其心理安全感，避免因未采纳员工建议而使员工转向保持沉默。数字工具可以实现匿名反馈收集，减少直接冲突。同时，领导的积极回应和具体解释能降低员工因提建议而产生的不安全感，促使负面反馈转化为正面的改进行动，避免破坏团队氛围。

第三，虽然数字工具提供了便捷的沟通渠道，但必须注意保持沟通的人性化和温度，尤其是对于领导成员交换关系质量较低的员工。领导可以通过一对一视频会议、个性化的邮件反馈等方式，展现对员工个人意见的关注和尊重，减少防御性反应，提升其心理安全感。研究发现，领导成员交换关系质量低的员工容易对领导未采纳建议的解释产生防御反应，降低心理安全感。在数字平台上实施透明的建议提交和反馈流程，让所有员工都能看到建议的提交、评估和采纳过程，并对未采纳的建议提供详细、客观的在线说明，有助于减少误解和偏见，让领导成员交换关系质量低的员工感受到评价标准的一致性和公正性。尽管领导对团队内部的不同成员很难做到一视同仁，但是领导在拒绝领导成员交换关系质量较低的员工时，需要更加注意通过多种方式增强其心理安全感，避免让员工感知到自己的解释像推辞或借口。领导者应该呈现更加客观、合理且让人信服的理由，降低员工的不信任感，进而促使员工在后续有想法时继续提建议。

另外，领导者可以运用数字手段（如在线调查、AI 辅助的情感分析）定期监测员工的心理安全感水平，特别是关注领导成员交换关系质量较低群体的感受。基于数据洞察，及时调整管理策略，如组织心理健康工作坊、领导力辅导等，有针对性地提升团队整体的心理安全感。

5.5.3　研究局限与未来展望

本研究探讨领导未采纳建言解释具体性对员工建言行为的影响，虽然得出了一些具有理论意义和实践意义的结论，但是仍存在以下不足之处，有待在未来的研究中进一步改进。

第一，尽管研究 1 的情境实验有利于揭示因果关系，但是研究 2 在真实职场中收集的数据均来源于被试自我报告。虽然采取多时间点数据收集法，但是因条件限制，采用的方式是让员工回忆并详细描述近期提建议被拒绝的事情。尽管验证性因子分析结果表明各变量的区分效度良好，研究数据不存在严重的共同方法偏差，但是采取回忆的方式可能会存在偏差，无法测量及时的反应。

未来研究可以采用更严谨的经验取样法，收集员工在建议未被采纳当下的心理活动数据，确保更贴合实际。

第二，本研究从社会交换视角探究领导未采纳建言解释具体性对员工建言行为的作用机制，但仅考虑了心理安全感的中介作用。未来可进一步从建言有效性、情绪及对领导的信任等视角探究其他中间机制。

第三，本研究的结果变量为促进性建言和抑制性建言，但是并未考虑建言被拒绝时的建言类型。未来研究可进一步探索领导未采纳建言是否会引发员工建言类型的转变，如从促进性建言转向抑制性建言。

第四，本研究仅探讨了领导成员交换关系的调节作用，未来研究可探索其他个体或者情境因素的调节作用。例如，不同的领导风格可能会影响员工对领导未采纳建言解释具体性的感知和解读，并影响其心理安全感。此外，数字时代的沟通技术、远程办公以及虚拟团队等因素均是可供选择的调节变量，未来研究可进一步探索这些因素的调节作用，以便厘清其他边界条件的影响。

第 6 章

子研究三：数字时代领导未采纳建言幽默对员工建言的影响

6.1 理论基础和研究假设

6.1.1 理论基础

（一）社会信息加工理论的提出

在社会信息加工理论（Social Information Processing）被提出来之前，已有研究主要使用需求—满足（Need-Satisfaction）模型来解释员工工作态度和组织任务设计之间的关系。该模型认为个体的工作态度或者动机是需求和工作特质相匹配的结果，并强调个体特征而非情境是有效预测个体行为的核心因素。虽然需求—满足模型肯定了相对稳定的个体特征对个体态度及行为的影响，却忽视了情境特征的影响。然而，个体需求的构建往往是在社会情境中发生的，需求—满足模型无法解释社会情境对个体态度及行为的影响（Salancik 和 Pfeffer，1978），社会信息加工理论由此产生。

（二）社会信息加工理论的主要观点

社会信息加工理论强调个体工作态度及行为更多是受情境以及过去行为结果的影响，而非完全是理性决策的结果。相比需求—满足模型，该理论强调情境对个体工作态度和行为的影响。社会信息加工理论（Salancik 和 Pfeffer，

1978）的基本前提假设是，人类是一种具有适应性的有机体，会根据现实的社会情境、过去的自我的选择调整当下的态度和行为。个体从情境中获取信息，在此过程中表达态度或者需求，并在与情境的互动中形成态度与行为。个体表达态度或需求的形式及内容受到信息的突出性（Salience）和相关性（Relevance）的影响。突出性是指信息能够被个体直接意识到的程度，而相关性是指个体能够评估信息或多或少与某具体的态度相关的可能性。个体所处的社会环境是信息的重要来源之一，社会环境为个体提供对信息进行解构和解释的线索，并且提供个体应该持有何种态度及观点的信息。另外，社会环境还可能会突出某些信息而影响个体需求，如有关自己过去的活动、语言和观点的信息。

社会环境主要通过以下两种方式对个体态度和需求状态产生影响（Salancik 和 Pfeffer，1978）。一方面，为个体提供直接的意义构建指导，即通过社会线索的引导，表明社会环境可接受的信念、态度和需求的信息，以及这些行为可被接受的理由。另一方面，将个体的注意力集中在突出的特定信息上，以此对个体的行为表现提出期望。社会信息可以通过直接或者间接的方式影响个体态度以及需求状态，并且这种影响是通过以下四个过程实现的。第一，他人的公开言论会直接影响个体态度。了解他人对某一事物的评价，可以帮助个体在复杂的线索中找到应该如何应对该事物的信息，个体会选择同意或者反对他人的评价，因而个体容易受到来自周围环境的评价的影响。第二，突出环境中的某些信息会影响个体的注意力过程，进而影响个体态度。通过聚焦情境的某些方面或者频繁地讨论某些事情，可以提醒个体应该在这些情境中关注那些问题。第三，通过影响对环境信息的解读影响个体态度。例如，领导管教工作不力的下属，可能会被理解为对下属缺乏关心，也可能会被理解为领导关心组织绩效目标的实现，这些不同的解读是由环境所提供信息的模棱两可程度决定的。第四，通过影响个体对自我需求的解读来影响其态度。人们会在与他人的交流中了解社会规范，并据此调整自己的需求以及价值观。

6.1.2 数字时代领导未采纳建言幽默与心理安全感

幽默的一个重要功能是建立人际关系（Meyer，2000）。作为一种有效的管理工具，已有研究表明，领导幽默不仅能够增强团队凝聚力（Duncan，1982）、提升团队绩效和领导有效性（Avolio、Howell 和 Sosik，1999）、促进团队内部学习（高洁、温忠麟、王阳等，2019）、提高下属工作满意度和承诺（Hughes 和 Avey，2013；Vecchio 和 Pearce，2009）、激发员工创新行为（刘云、杨东涛和安彦蓉，2020），还可以有效地缓解工作压力并化解人际关系中的冲突（Martin 和 Lefcourt，1983；Wanda、Vernard 和 Christopher，2000）。即便在虚拟的工作环境中，领导幽默也是建立人际关系和增强亲密度的有效工具。它能够跨越屏幕，拉近领导与员工之间的心理距离，让员工感受到领导的人性化和可接近性，这在缺乏面对面交流的数字时代尤为重要。参照领导幽默的含义，领导未采纳建言幽默是指领导用幽默的方式表达无法采纳员工建议的程度（Cooper、Kong 和 Crossley，2018）。

在数字时代，信息交流快速且频繁，员工面对建议未被采纳的情况时可能会感到挫败或不安。领导运用幽默可以缓和这种负面情绪，创造轻松的氛围，使员工感觉更加自在，减轻因建议未被接受而产生的压力，从而有助于维持或提升其心理安全感。心理安全感是指员工在工作中表现真实自我，而无须担心职业发展或者个人形象遭受负面影响的感知（Edmondson，1999）。由于员工的建言行为通常是在挑战管理现状，可能会被领导或者同事当成惹是生非，因此建言者可能会被同事认为可信度低，不利于人际关系的发展，甚至损害建言者的个人形象，也可能使领导给出较低的绩效评价（Dutton、Ashford、O'Neill 等，2001；Milliken、Morrison 和 Hewlin，2003）。心理安全感是影响员工建言行为的重要前提条件（Detert 和 Burris，2007；Morrison，2011），而领导者行为是影响员工心理安全感的重要因素。

数字沟通往往缺乏非语言线索，可能导致信息误读。幽默作为一种有效的非正式沟通策略，能够弥补这一不足，帮助传达复杂情感和微妙意图，减少误解，使得即使在文本、电子邮件或即时消息中，员工也能感受到领导的支持和理解。根据社会信息加工理论（Salancik 和 Pfeffer，1978），个体从所处的社会环境中获取的信息会对个体态度、感知和行为产生影响。在工作环境中，领导通常是个体最重要的社会环境信息来源，领导行为向员工提供领导对自己行为及绩效期望的信息。建言行为具有一定的风险性，员工会通过领导对建言行为的回应态度来判断向领导提建议是否安全。

首先，幽默会减少领导和员工之间的社会距离（Graham、Papa 和 Brooks，1992；Mesmer-Magnus、Glew 和 Viswesvaran，2012）。当领导者用幽默的方式表达无法采纳员工建议的时候，可以向员工含蓄地传递一种信号，即他们愿意打破组织中正常的等级制度，进而淡化自己与员工之间的等级差异，有助于拉近与员工之间的距离。另外，一些研究也表明领导幽默会正向促进领导与成员之间的关系（Cooper、Kong 和 Crossley，2018；Gkorezis、Petridou 和 Xanthiakos，2014；Pundt 和 Venz，2017；Yam、Christian、Wei 等，2018），减少员工对后续再建言可能引发领导负面评价的风险感知。

其次，幽默作为一种有效的沟通策略，可以减少工作中紧张的局面给人带来的面子威胁（Holmes 和 Marra，2006）。领导者用幽默的方式表达无法采纳员工建议，可以向员工传达支持和友好的态度信息（Robert 和 Wilbanks，2012），缓解上下级关系的紧张感。员工可能会将这种幽默当作缓解自己面子压力的一种方式，而且会增加对领导的信任感（Hampes，1999）。因此，领导未采纳建言幽默让员工感知到上级对员工建言行为的支持态度，可以让员工对上下级关系感到更放松，降低员工提出建设性意见后的风险预期，增加后续再建言的安全感知。

最后，领导幽默通常能够体现领导者在与员工的互动中有较高的开放性和包容性，因为领导者愿意展现自身的脆弱性（Yam、Christian、Wei 等，2018），让员工感知到领导是关系导向的。另外，通过展现脆弱性，领导者也向员工传递出“向领导提建议是安全的”这一信息，有助于建立积极的上下级关系。基于此，本研究提出以下假设。

假设 3-1：领导未采纳建言幽默与员工心理安全感存在正相关关系。

6.1.3　心理安全感的中介作用

电子通信缺乏面对面交流的情感深度，可能使员工感觉自己的贡献被忽视。幽默作为一种情感调节工具，可以增加人情味，让员工感受到领导的关心与认可。即便建议未被采纳，这种正面反馈也能通过心理安全感的提升，激励员工在未来继续提出有建设性的想法。在组织中，由提出具有挑战性的问题而引发的威胁感会限制个体参与解决问题的活动的意愿（Dutton 和 Ashford，1993），还会降低个体认知和行为的灵活性（Crant，2000），不利于组织的持续发展。数字时代虽然促进了远程办公和虚拟团队的发展，但也可能加剧员工之间的隔离感和沟通障碍。领导以幽默的方式表达不采纳员工的建议，可以营造一种轻松愉快的沟通氛围，增强员工的心理安全感，使得员工更愿意在虚拟平台上分享自己的想法和创意，推动促进性建言的流动。心理安全感会减轻个体对建言行为可能带来上下级关系的紧张或者其他职业发展威胁等负面影响的担忧（Morrison，2011），因此心理安全感高的员工更愿意畅所欲言。另外，Frazier、Fainshmidt、Klinger 等（2017）的元分析发现，心理安全感与信息分享意愿正相关。国内外实证研究也发现心理安全感正向影响员工建言行为（段锦云，2012；梁建，2014；Milliken、Morrison 和 Hewlin，2003；Liang、Farh 和 Farh，2012）。因此，心理安全感会促进员工的建言行为。

综上所述，领导以幽默的方式表达不采纳员工的建议，能够拉近与建言者之间的距离，增强员工对领导的信任感。这会让员工意识到领导并不反对自己的建言行为，向领导提建议不会威胁到自我形象或者影响领导对自己的评价，从而减少对提出建议可能带来的个人风险的担忧。这种感知让员工对工作中的上下级关系感到更放松，也就是有更强的心理安全感。数字时代的工作环境变化迅速，需要员工具备高度的适应性和创新力。心理安全感高的员工更倾向于探索新的思路和方法，幽默的领导风格可以作为一种“软性”激励，通过增强员工的归属感和信任感，促进他们在不断变化的工作场景中持续提出促进性建言。心理安全感会促使员工在遇到新的工作问题时，继续寻找新的建言机会，采取新的建言行为，或者为提高组织效率提出新的建议（促进性建言），或者针对不利于组织发展的问题提出对策建议（抑制性建言）。基于此，本研究提出以下假设。

假设 3-2：心理安全感在领导未采纳建言幽默与员工促进性建言的关系中起中介作用。

假设 3-3：心理安全感在领导未采纳建言幽默与员工抑制性建言的关系中起中介作用。

6.1.4 领导成员交换关系矛盾感的调节作用

数字时代的沟通多依赖于文字和远程交流，缺乏面对面的非言语线索，这可能导致幽默意图被误解或过度解读。当员工与领导的领导成员交换关系存在矛盾感时，他们可能对领导的幽默反应更加敏感或消极，从而减少幽默带来的正面效果，弱化其对心理安全感的正面影响。根据领导成员交换理论，受制于有限的精力和资源，领导与不同员工会发展出不同质量的交换关系（Graen 和 Uhl-Bien，1995）。已有研究大多从单边（Univalent）视角来探讨领导和员工之间的关系，即默认领导成员交换关系处于从低质量到高质量的不同水平上（Lian、Ferris 和 Brown，2012），但是忽视了追随者可能会认为领导成员交换关系同时是高质量和低质量的这种情况。矛盾感（Ambivalence）的概念在社会心理学和社会学中应用比较多，对矛盾感的研究源于这样一种观察，就是对态度的两极测量方式无法涵盖矛盾感和中立这种情况。Rothman、Pratt、Rees 等（2017）的综述总结了态度矛盾感、情绪矛盾感和关系矛盾感等不同形式的矛盾心理。虽然这些概念以不同的方式定义矛盾感，但都强调对某一特定实体同时存在强烈的、对立的想法或感受。基于此，Lee、Thomas、Martin 等（2019）指出，领导成员交换关系本质上还可以是二元的（Bivalent），并提出领导成员交换关系矛盾感（LMX Ambivalence）的概念，即对领导成员交换关系同时存在肯定和否定想法（Coexisting Positive and Negative Thoughts）的主观感知。Lee、Thomas、Martin 等（2019）进一步通过实证研究发现，领导成员交换关系矛盾感通过消极情绪的中介机制对员工的任务绩效产生负面影响。

在数字时代，信息透明度提高，员工更容易比较自己与其他人的待遇和反馈情况。当领导成员交换关系矛盾感较高时，员工可能感觉在未采纳建言的处理上受到了不公正对待，即便领导尝试用幽默的方式缓解气氛，这种感知到的不公正也会削弱幽默对心理安全感的提升作用。根据社会信息加工理论（Salancik 和 Pfeffer，1978），个体态度及行为不仅会受到信息本身及信息发出方的影响，还会受到信息接收方自身因素的影响。员工对与领导关系的感知判断，也是影响其解读领导行为的重要因素。因此，领导成员交换关系矛盾感的差异会影响员工对领导未采纳建言时幽默表达的理解和回应，进而影响员工对建言是否安全的感知。

具体而言，对于领导成员交换关系矛盾感较高的员工，更容易在与领导的互动中产生认知冲突和负面的情绪反应（Rothman、Pratt、Rees 等，2017），因为矛盾心理本身就违背个体的一致性需要，容易导致认知失调（Festinger，1957）。当他们为提高组织运行效率向领导提出建议，而领导用幽默的方式拒绝时，他们更可能产生领导不重视自己意见的认知不一致感，因此会降低其心理安全感。另外，研究表明，当人们对关系产生矛盾感时，更容易在互动中有对这种关系的脱离感（Pratt 和 Pradies，2011）。当领导用幽默的方式拒绝他们的建议时，他们更可能将其归因于领导对自己建议的支持程度较低，也会减弱其继续建言的安全感。在数字时代，过往的沟通记录和反馈容易被追溯，领导成员交换关系矛盾感高的员工可能基于过去的经验形成对未来沟通的负面预期。即使领导尝试以幽默的方式表达不采纳员工的建议，员工也可能预见到之后的不被重视或负面反馈，这种预期会抵消幽默带来的安心感，降低心理安全感。相对而言，领导成员交换关系矛盾感较低的员工更可能忽视上述认知差异，将领导未采纳建言时的幽默表达视为领导在减轻自己的面子压力。综上所述，当领导用幽默的方式传达无法采纳员工建议的时候，与领导成员交换关系矛盾感低的员工相比，领导成员交换关系矛盾感高的员工会有更低的心理安全感。基于此，本研究提出以下假设。

假设 3-4：领导成员交换关系矛盾感负向调节领导未采纳建言幽默与心理

安全感之间的关系。即当领导成员交换关系矛盾感较高时，领导未采纳建言幽默对心理安全感的正向影响更弱。

本研究在假设 3–2 和假设 3–3 中分别提出了心理安全感在领导未采纳建言幽默与促进性建言和抑制性建言之间的中介作用，而在假设 3–4 中提出由于不同领导成员交换关系矛盾感的员工对领导未采纳建言幽默的解读不同，因此领导未采纳建言幽默对心理安全感的影响会产生差别，进而影响其促进性建言和抑制性建言行为。结合上述对中介和调节作用假设的论述，本研究提出以下假设。

假设 3–5：领导成员交换关系矛盾感负向调节心理安全感在领导未采纳建言幽默与员工促进性建言之间的中介作用。即对于领导成员交换关系矛盾感较高的员工，通过心理安全感的中介作用，领导未采纳建言幽默对员工促进性建言的影响更弱。

假设 3–6：领导成员交换关系矛盾感负向调节心理安全感在领导未采纳建言幽默与员工抑制性建言之间的中介作用。即对于领导成员交换关系矛盾感较高的员工，通过心理安全感的中介作用，领导未采纳建言幽默对员工抑制性建言的影响更弱。

综上所述，本研究提出理论模型，如图 6–1 所示。

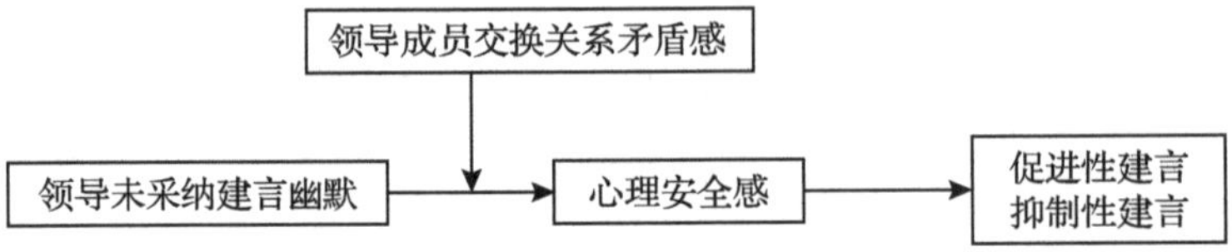

图 6–1　理论模型（子研究三）

6.2 研究方法

6.2.1 样本和数据收集

本研究委托问卷网平台收集问卷调查数据，分两个时间点进行，前后间隔一个月，通过参与者在问卷网的 ID 号码来匹配两次的数据。本研究选取正在经历数字化转型或者已经完成数字化转型的企业的员工，在第一个时间点首先让参与者回忆过去的一个月内，为了改善所在团队、部门或组织的现状，是否有主动地向领导提出建议、意见或想法的行为。如果选择“没有”，则直接跳转到问卷结尾，不计入样本总量中。对于选择“有”的参与者，接着让其选择领导是否采纳了建议，如果选择“领导采纳了建议”，则直接跳转到问卷结尾，不计入样本总量中。接下来，让参与者详细描述自己当时在工作中所遇到的问题、给领导的具体建议以及领导是如何拒绝建议的，然后测量领导未采纳建言幽默、上次建议未被采纳后的心理安全感、领导成员交换关系矛盾感，并让参与者填写入职年限等基本人口统计学信息。一个月后，向相同的被试收集促进性建言和抑制性建言变量数据，询问其在上次问卷中填写的建议被领导拒绝后，发生促进性和抑制性建言行为的频率相比被拒绝之前的变化。两次问卷都设置了注意力测试题项。第一次收集样本时，剔除无效问卷和主观题回答与本情境无关的问卷后，得到有效样本 511 份。第二次收集样本时，剔除未参加、未通过注意力测试的参与者，最后得到两次匹配的样本 345 份。

从性别来看，女性参与者占 52.8%，男性占 47.2%。样本分布在多个城市，18.99% 来自上海，15.43% 来自广东，12.46% 来自北京，9.79% 来自江苏，8.90% 来自四川，8.31% 来自浙江，3.86% 来自河北，3.26% 来自河南，3.26% 来自辽宁，2.67% 来自山东，2.08% 来自湖南，2.08% 来自陕西，1.78% 来自安徽，1.78% 来自天津，1.19% 来自福建，1.19% 来自山西，其余的来自湖北、重庆、甘肃、吉林、江西和内蒙古。从学历水平来看，72.17% 为大学本科学历，20.29% 为大学专科学历，6.38% 为硕士及以上学历，1.16% 为高中学历。从所属行业来看，23.37% 为生产、加工、制造，13.31% 为 IT、通信、电子、互联网，12.43% 为房地产、建筑，12.13% 为金融，8.88% 为贸易、批发、零售、租赁，8.58% 为文体教育、工艺美术，5.03% 为服务业，5.03% 为交通、运输、物流、仓储，5.32% 为商业服务，3.25% 为政府、非营利机构，2.37% 为能源、矿产、环保，0.30% 为农、林、牧、副、渔。从职业情况来看，48.12% 为普通职员（办公室、写字楼工作人员），26.09% 为企业管理者（包括基层及中高层管理者），18.26% 为专业人员（如医生、律师、记者、老师等），3.19% 为普通工人（如工厂工人、体力劳动者等），3.19% 为商业服务业职工（如销售人员、商店职员、服务员等），1.16% 为政府 / 机关干部、公务员。

6.2.2 变量测量

本研究所有变量的测量均使用国外权威期刊上发表的成熟量表，结合本研究建言未被采纳的情境，在两名人力资源管理专业且精通中英文的研究者进行“翻译 – 回译”的基础上（Brislin，1986），邀请专业人员试填问卷，并根据其反馈调整表述，以确保整个问卷清晰易懂。如无特别说明，研究中所有题项均采用李克特七分量表，1—7 表示从“非常不同意”到“非常同意”。

领导未采纳建言幽默：本研究借鉴 Yam、Christian、Wei 等（2018）开发的领导幽默量表测量在领导未采纳建言情境中的幽默行为，共 5 个题项，测量条目如“领导说了些有趣的话来拒绝我的建议”“在表达不采纳我的建议时，领导说了些有趣的话来缓和气氛”等。该量表的内部一致性信度 α 为 0.92。

心理安全感：本研究参考已有研究（Detert 和 Burris，2007），改编 Edmondson（1999）提出的团队中心理安全感测量量表，使其适用于本研究情境中的个人心理安全感知，共 4 个题项，测量条目如“在领导上次拒绝我的建议后，我仍然认为向领导提建议是很安全的”“在领导上次拒绝我的建议后，我仍然不害怕向领导表达我的想法”等。该量表的内部一致性信度 α 为 0.88。

促进性建言和抑制性建言：对促进性建言和抑制性建言的测量采用 Liang、Farh 和 Farh（2012）开发的量表，共 10 个题项。两个变量的测量都是让员工填写相比上次提建议被拒绝之前，员工出现量表所列行为的频率（1—7 表示从“没有”到“每天”）。促进性建言共 5 个题项，测量条目如“对可能影响组织的事，积极提出建议”“为改进组织工作流程，积极提出建议”等，该量表的内部一致性信度 α 为 0.89。抑制性建言共 5 个题项，测量条目如“坦诚地指出可能严重影响组织的问题，即使存在反对意见”“勇于指出可能影响组织效率的事情，即使这样做会使其他人难堪”等，该量表的内部一致性信度 α 为 0.86。

领导成员交换关系矛盾感：本研究采用 Lee、Thomas、Martin 等（2019）开发的量表测量领导成员交换关系矛盾感，共 7 个题项，测量条目如“我经常有比较矛盾的想法，有时候我觉得自己与领导的关系很好，但有时候不这么认为”“我经常有比较矛盾的想法，有时候我觉得领导了解我的工作问题和需求，但有时候不这么认为”等。该量表的内部一致性信度 α 为 0.95。

控制变量：考虑到性别、入职年限、拒绝敏感性和领导拒绝建议的场合（公开或者私下）可能对员工后续建言行为产生影响，本研究将这些变量作为控制变量。具体来讲，有研究表明，性别和入职年限会影响员工建言行为（LePine 和 Van Dyne，1998；McClean、Martin、Emich 等，2017）。本研究将女性设为虚拟变量 0、男性设为虚拟变量 1，以进入当前组织的年限衡量入职年限。此外，拒绝敏感性是指个体对他人的拒绝行为太过敏感的性格特质，是一种对拒绝的焦急预期、轻易察觉以及过度反应的趋向（Feldman 和 Downey，1994）。拒绝敏感性会影响个体对他人拒绝行为的反应（Ayduk、Gyurak 和 Luerssen，2008）。本研究采用 Ayduk、Mendoza-Denton、Mischel 等（2000）开发的量表测量拒绝敏感性，共 4 个题项，测量条目如“对我来说，被周围的人接受很重要”“我经常担心自己会被其他人抛弃”等。该量表的内部一致性信度 α 为 0.80。最后，由于场合也会影响员工感知到的领导对自己建言行为的态度（Isaakyan、Sherf、Tangirala 等，2020），本研究控制了领导拒绝建议的场合，将公开场合设为虚拟变量 0、私下场合设为虚拟变量 1。

6.2.3 统计分析技术

在进行假设检验之前，本研究运用 Mplus 7.4 软件，通过验证性因子分析（Confirmatory Factor Analysis，CFA）检验量表的区分效度。模型拟合由卡方统计（χ^2）、RMSEA（Root Mean Square Error of Approximation）、SRMR（Standardized Root Mean Square Residual）、CFI（Comparative Fit Index）和 TLI（Tucker Lewis index）这些指标衡量。根据模型拟合指标标准，RMSEA 和 SRMR 的值小于 0.05 表示模型拟合良好，处于 0.05 和 0.08 之间表示合理（Browne 和 Cudeck，1993），CFI 和 TLI 的值处于 0 到 1 之间，越接近 1 表示模型拟合越好，一般大于 0.90 表示模型拟合较好（Hu 和 Bentler，1999）。

在测量模型的具体分析过程中，本研究首先检验了六因子模型（领导未采纳建言幽默、心理安全感、促进性建言、抑制性建言、领导成员交换关系矛盾感、拒绝敏感性），然后将六因子模型合并为五因子模型（领导未采纳建言幽默、心理安全感、促进性建言和抑制性建言、领导成员交换关系矛盾感、拒绝敏感性）、四因子模型（领导未采纳建言幽默和领导成员交换关系矛盾感、心理安全感、促进性建言和抑制性建言、拒绝敏感性）、三因子模型（领导未采纳建言幽默和领导成员交换关系矛盾感、心理安全感和两类建言、拒绝敏感性）和单因子模型。此外，本研究通过两种方法检验共同方法偏差：第一，采用最常用的 Harman 单因素检验方法，检验析出的公因子是否会解释大部分变异；第二，运用潜在共同方法因子控制法，将共同方法偏差作为一个潜变量纳入结构方程模型中，与假设模型进行比较，通过模型拟合优度来检验是否存在共同方法偏差（Podsakoff、MacKenzie、Lee 等，2003）。在假设检验的具体分析过程中，本研究采用结构方程模型（SEM）检验直接效应和间接效应，通过潜变量调节结构方程法（Latent Moderated Structural Equation Modeling，LMS）检验调节效应（Dimitruk、Schermelleh-Engel、Kelava 等，2007）。

6.3 数据分析结果

6.3.1 区分效度和共同方法偏差检验

本研究通过验证性因子分析，检验 6 个主要变量（包括领导未采纳建言幽默、心理安全感、促进性建言、抑制性建言、领导成员交换关系矛盾感、拒绝敏感性）的区分效度，结果如表 6-1 所示。结果表明，六因子模型要显著优于五因子模型

[$\Delta\chi^2$ (5) =596.46，p<0.001]、四因子模型 [$\Delta\chi^2$ (9) =2246.02，p<0.001]、三因子模型 [$\Delta\chi^2$ (12) =3031.47，p<0.001] 和单因子模型 [$\Delta\chi^2$ (15) =4258.95，p<0.001]，因此六因子模型的拟合效果最好。

表 6-1　验证性因子分析结果（子研究三）

模型	χ^2	*df*	CFI	TLI	RMSEA	SRMR	$\Delta\chi^2$	Δ*df*
六因子模型	593.56	386	0.97	0.97	0.04	0.04		
五因子模型	1190.02	391	0.89	0.88	0.08	0.08	596.46***	5
四因子模型	2839.58	395	0.66	0.62	0.13	0.16	2246.02***	9
三因子模型	3625.03	398	0.55	0.51	0.15	0.19	3031.47***	12
单因子模型	4852.50	401	0.38	0.32	0.18	0.21	4258.95***	15

注：N=345。

六因子模型：领导未采纳建言幽默、心理安全感、促进性建言、抑制性建言、领导成员交换关系矛盾感、拒绝敏感性；

五因子模型：领导未采纳建言幽默、心理安全感、促进性建言 + 抑制性建言、领导成员交换关系矛盾感、拒绝敏感性；

四因子模型：领导未采纳建言幽默 + 领导成员交换关系矛盾感、心理安全感、促进性建言 + 抑制性建言、拒绝敏感性；

三因子模型：领导未采纳建言幽默 + 领导成员交换关系矛盾感、心理安全感 + 促进性建言 + 抑制性建言、拒绝敏感性；

单因子模型：领导未采纳建言幽默 + 领导成员交换关系矛盾感 + 心理安全感 + 促进性建言 + 抑制性建言 + 拒绝敏感性。

为检验样本数据是否存在共同方法偏差，本研究进行 Harman 单因素检验，将 6 个主要变量一同进行探索性因子分析，结果显示第一主成分能解释总体变异的 19.29%，小于 40% 的临界值，无法解释大部分的变异。此外，将共同方法偏差作为一个潜变量加入结构方程模型中，发现共同方法偏差潜变量模型拟合并不优于六因子模型（χ^2=679.64，*df* =364，CFI=0.96，TLI=0.95，RMSEA=0.05，SRMR=0.04）。因此，本研究的样本数据不存在显著的共同方法偏差。

6.3.2　描述性统计和相关分析

表 6-2 显示了本研究所涉及的自变量、中介变量、因变量、调节变量以及

控制变量的均值、标准差和变量之间的相关系数。结果表明，领导未采纳建言幽默与心理安全感显著正相关（r=0.46，p<0.01），心理安全感与促进性建言显著正相关（r=0.31，p<0.01），与抑制性建言也显著正相关（r=0.18，p<0.01）。然而，领导未采纳建言幽默与促进性建言的关系不显著（r=-0.01，ns），与抑制性建言的关系也不显著（r=-0.09，ns）。另外，从表6-2中可以看到，性别与心理安全感显著相关，拒绝敏感性与心理安全感和促进性建言显著相关，拒绝场合与领导未采纳建言幽默和领导成员交换关系矛盾感显著相关，因此本研究对这些变量进行控制。

6.3.3 假设检验

（一）领导未采纳建言幽默对心理安全感的效应检验

从表6-3可知，模型3-1检验领导未采纳建言幽默对心理安全感的影响，结果表明领导未采纳建言幽默对心理安全感有显著的正向影响（B=0.35，SE=0.07，p<0.001），假设3-1得到支持。模型3-2检验心理安全感对促进性建言的影响，结果表明心理安全感对促进性建言有显著的正向影响（B=0.38，SE=0.07，p<0.001）。模型3-3检验心理安全感对抑制性建言的影响，结果表明心理安全感对抑制性建言有显著的正向影响（B=0.23，SE=0.06，p<0.001）。

（二）心理安全感的中介效应检验

为检验心理安全感在领导未采纳建言幽默对促进性建言和抑制性建言影响中的中介作用，本研究采用Bootstrapping方法对样本数据进行5000次重复抽样（Cheung和Lau，2008），结果如表6-4所示。结果表明，对于促进性建言，心理安全感的中介效应为0.13，95%的置信区间为[0.08，0.20]，不包括0，表明心理安全感的中介作用显著；在控制了心理安全感的效应后，领导未采纳建言幽默对促进性建言的直接效应为-0.17，95%的置信区间为[-0.27，-0.07]，不包括0，说明心理安全感在领导未采纳建言幽默与促进性建言的关系中具有部分中介作用。因此，假设3-2得到支持。对于抑制性建言，心理安全感的中介效应为0.08，95%的置信区间为[0.04，0.14]，不包括0，表明心理安全感的中介

表 6-2　变量的均值、标准差和变量之间的相关系数（子研究三）

变量	均值	标准差	1	2	3	4	5	6	7	8
1. 性别	0.47	0.50								
2. 入职年限	6.12	4.03	0.19**							
3. 拒绝敏感性	3.62	1.01	−0.08	−0.08						
4. 拒绝场合	0.81	0.39	−0.11*	−0.04	0.14**					
5. NLH	4.59	1.28	0.07	0.02	−0.18**	0.11*				
6. 心理安全感	5.26	1.08	0.11*	0.05	−0.24**	0.08	0.46**			
7. 促进性建言	2.94	0.94	0.04	−0.01	−0.11*	−0.02	−0.01	0.31**		
8. 抑制性建言	3.08	0.89	0.05	0.08	−0.10	−0.09	−0.09	0.18**	0.35**	
9. LMX 矛盾感	4.03	1.22	0.03	−0.01	0.12*	0.13*	0.03	−0.02	0.01	0.03

注：*p<0.05，**p<0.01，***p<0.001；N=345；NLH 表示领导未采纳建言幽默；LMX 矛盾感表示领导成员交换关系矛盾感；性别：女性 =0，男性 =1；拒绝场合：公开 =0，私下 =1。

表 6-3　回归结果分析（子研究三）

	模型 3-1		模型 3-2		模型 3-3		模型 3-4	
	心理安全感		促进性建言		抑制性建言		心理安全感	
	B	SE	B	SE	B	SE	B	SE
常数项	4.98***	0.15	2.90***	0.16	3.06***	0.14	5.01***	0.15
控制变量								
性别	0.18	0.11	0.01	0.10	0.01	0.10	0.19	0.11

续表

	模型 3-1		模型 3-2		模型 3-3		模型 3-4	
	心理安全感		促进性建言		抑制性建言		心理安全感	
	B	SE	B	SE	B	SE	B	SE
入职年限	0.01	0.02	−0.01	0.01	0.02	0.01	0.01	0.01
拒绝敏感性	−0.22**	0.07	−0.04	0.06	−0.05	0.05	−0.22***	0.06
拒绝场合	0.23	0.15	−0.04	0.14	−0.18	0.13	0.20	0.14
自变量								
NLH	0.35***	0.07	−0.17**	0.06	−0.17**	0.05	0.34***	0.05
中介变量								
心理安全感			0.38***	0.07	0.23***	0.06		
调节变量								
LMX 矛盾感							0.04	0.06
LMX 矛盾感 ×NLH							−0.12**	0.04
R^2	0.28***		0.17**		0.11**		0.29***	

注：*p<0.05，**p<0.01，***p<0.001；N=345；NLH 表示领导未采纳建言幽默；LMX 矛盾感表示领导成员交换关系矛盾感。

作用显著；在控制了心理安全感的效应后，领导未采纳建言幽默对抑制性建言的直接效应为 −0.17，95% 的置信区间为［−0.26，−0.09］，不包括 0，说明心理安全感在领导未采纳建言幽默与抑制性建言的关系中具有部分中介作用。因此，假设 3−3 得到支持。

表 6–4　心理安全感的中介作用（子研究三）

作用路径	直接效应			中介效应		
	效应值	95% 置信区间		效应值	95% 置信区间	
		下限	上限		下限	上限
领导未采纳建言幽默—心理安全感—促进性建言	−0.17	−0.27	−0.07	0.13	0.08	0.20
领导未采纳建言幽默—心理安全感—抑制性建言	−0.17	−0.26	−0.09	0.08	0.04	0.14

（三）调节效应检验

从表 6−3 可知，模型 3−4 检验领导成员交换关系矛盾感对领导未采纳建言幽默与心理安全感关系的调节作用，结果表明领导成员交换关系矛盾感对领导未采纳建言幽默与心理安全感关系的调节效应显著（$B=-0.12$，$SE=0.04$，$p<0.01$）。另外，通过简单斜率分析可知，在领导成员交换关系矛盾感高于 1 个标准差时，调节效应值为 0.22，$p<0.01$，95% 的置信区间为［0.12，0.33］；在领导成员交换关系矛盾感低于 1 个标准差时，调节效应值为 0.46，$p<0.001$，95% 的置信区间为［0.36，0.55］。所以，当领导成员交换关系矛盾感高的时候，领导未采纳建言幽默对心理安全感的正向作用减弱，如图 6−2 所示。因此，假设 3−4 得到支持。

有调节的中介模型检验结果表明，对于促进性建言，通过心理安全感，领导成员交换关系矛盾感对领导未采纳建言幽默与促进性建言关系的调节作用显著（有调节的中介指标为 −0.11，$p<0.05$）。在领导成员交换关系矛盾感高于 1 个标准差时，有调节的中介效应值为 −0.15，$p<0.05$，95% 的置信区间为［−0.26，−0.05］；在领导成员交换关系矛盾感低于 1 个标准差时，有调节的中介

效应值为 0.07，ns。因此，假设 3-5 得到支持。对于抑制性建言，通过心理安全感，领导成员交换关系矛盾感对领导未采纳建言幽默与抑制性建言关系的调节作用显著（有调节的中介指标为 −0.07，$p<0.05$）。在领导成员交换关系矛盾感高于 1 个标准差时，有调节的中介效应值为 −0.16，$p<0.01$，95% 的置信区间为［−0.24，0.08］；在领导成员交换关系矛盾感低于 1 个标准差时，有调节的中介效应值为 −0.02，ns。因此，假设 3-6 得到支持。

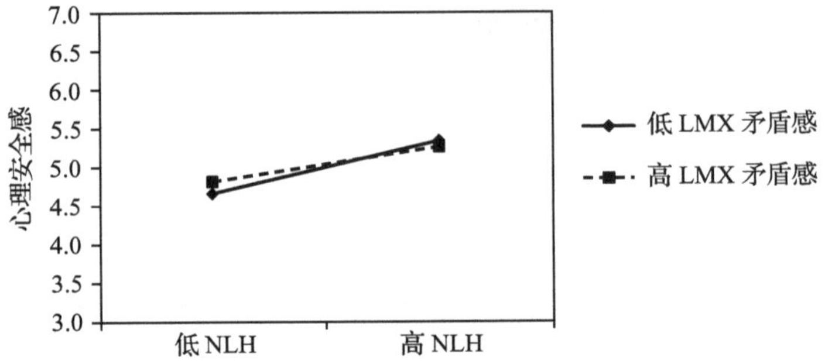

图 6-2　领导成员交换关系矛盾感对领导未采纳建言幽默与心理安全感关系的调节效应

6.4 研究结果与讨论

6.4.1 研究结论

本研究基于社会信息加工理论，对领导未采纳建言幽默如何对员工后续建言行为产生影响进行分析，探讨心理安全感在其中的中介作用，并探究领导成员交换关系矛盾感的调节作用。研究结果表明，领导未采纳建言幽默能正向影响员工的心理安全感，心理安全感中介领导未采纳建言幽默对员工后续促进性建言和抑制性建言的影响；领导成员交换关系矛盾感负向调节领导未采纳建言幽默与员工心理安全感的正向关系，进而调节心理安全感在领导未采纳建言幽默与促进性建言和抑制性建言之间的中介作用。

6.4.2 理论意义和实践意义

本研究的理论贡献主要体现在以下三个方面。

第一，聚焦领导未采纳建言对员工后续再建言行为的影响，有助于从建言系统整合的视角，探索"员工建言—领导未采纳建言—员工再建言"的建言闭环过程。领导行为，特别是领导者对建言行为的回应是影响员工建言行为的重要因素。已有研究主要关注不同的领导风格如何影响员工的建言行为（于岩平、卢晴和王平，2020；李树文、罗瑾琏和梁阜，2020；Detert 和 Burris，2007；Duan、Li、Xu 等，2017；Liu、Zhu 和 Yang，2010；Walumbwa 和 Schaubroeck，2009），也有学者关注领导者对建言的采纳对员工建言的积极影响及其认知和动机机制（章凯、时金京和罗文豪，2020）。然而，由于组织资源和领导注意力的有限性，领导无法采纳员工建议的情况客观存在。本研究关注领导未采纳员工建言时的幽默表达如何影响员工的再建言行为，深化了对员工建言行为前因变量的探索。在数字时代，心理安全感作为影响员工创新行为、工作满意度和组织承诺的关键因素，其重要性日益凸显。本研究揭示了心理安全感如何在领导行为与员工反应之间起到中介作用，特别是在领导未采纳建言的微妙情境下，通过幽默增强的不仅是员工的情绪状态，更是对组织文化的接纳和信任，这深化了对心理安全感生成机制及其作用路径的认识。本研究运用社会信息加工理论，探究领导未采纳建言幽默对员工再建言的心理安全感的影响机制，从建言系统整合的视角探索员工建言行为的领导未采纳方面的前因，深化对员工建言行为的领导回应方面的前因的认识。

第二，丰富和拓展了有关领导幽默对员工态度及行为影响的研究。数字时代虽然提高了沟通的效率和广度，但也带来了信息过载、情感传递障碍等问题。本研究结论强调了在组织沟通中，特别是在传递负面反馈时，领导通过幽默来平衡正式与非正式、理性与感性的沟通方式，对维护和提升员工心理安全感的重要性，为组织沟通理论提供了关于如何在虚拟环境中构建有效、健康沟通环境的新见解。已有研究发现，领导幽默有利于员工保持健康的心态、提高工作投入，并且会对员工的创新性行为产生正向影响（Goswami、Nair、Beehr 等，2016；Tang，2008；Yam、Christian、Wei 等，2018）。类似地，领导者恰当的幽默行为有利于激发员工的发散性和创造性思考（Csikszentmihalyi，1996），使员工跳出具体问题本身，努力从新的独特视角解决问题（Avolio、Howell 和 Sosik，1999）。也有研究发现，领导幽默的消极影响是会增强员工对违反规范的可接受性的感知，进而会增加员工的越轨行为（Yam、Christian、Wei 等，2018）。另外，Cooper、Kong 和 Crossley（2018）指出，领导幽默能改善领导成员交换关系，促进员工和领导之间更频繁的良性互动，进而对员工的角色外组织公民行为产生正向影响。本研究拓展了领导幽默面向拒绝采纳员工建议的具体情境研究，深化了对领导幽默具体情境的探索。领导幽默作为一个有效的管理工具，在拒绝采纳员工建议这种容易形成人际关系紧张局面的情境中，若领导者能合理有效地运用，则会增强员工的心理安全感，从而促进员工的后续再建言行为。本研究有助于深化对领导者在不同情境中运用幽默这种管理工具的有效性的认识。

第三，深化了对领导成员交换关系矛盾感在领导未采纳建言幽默与员工建言行为关系中调节作用的认识。在数字时代，信息传播速度加快，工作环境更加动态和不确定，领导者的决策速度和质量直接影响团队的表现。本研究揭示了当领导者未采纳员工的建议时，如何通过幽默等积极交流方式缓解负面情绪，保持团队的心理安全感，这对于理解数字时代领导者的有效行为模式提供了新的视角。本研究强调了数字化工作环境中领导者的适应性和情感智力的重要性。领导者需要掌握如何有效运用幽默等软技能来管理领导成员交换关系中的矛盾，减少成员间的不平等感，增强团队凝聚力和信任，这对于设计面向未来的领导力培训和发展项目具有重要指导意义。在领导未采纳建言幽默与员工心理安全感的关系中，员工不同的领导成员交换关系矛盾感具有差异性的调节效应。具体来讲，当员工的领导成员交换关系矛盾感高的时候，会减弱领导未采纳建言幽默对员工心理安全感的正向影响。已有研究将员工心理安全感知的差异归因于个体工作态度、性格、角色定义、经验及地位等方面的不同（刘云、杨东涛和安彦蓉，2020；张军成，2016；Morrison，2011；Walumbwa 和 Schaubroeck，2009），却忽视了员工对领导成员交换关系的矛盾感知的影响，本研究有助于丰富对影响员工建言心理安全感的边界条件的研究。

本研究对于企业管理实践也有一定的启发。

第一，虽然在管理实践上领导者无法采纳所有员工的建言，但是运用合适的拒绝方式，如采用幽默的方式拒绝，仍然可以促进员工的再建言行为。在数字时代，组织应利用技术手段，如内部社交平台、即时通信工具等，为员工提供多样化的建言渠道，并确保这些平台上反馈的可见性和透明性。同时，领导者应积极在这些平台上与员工互动，运用幽默等方式及时响应员工的建言，增强员工的参与感和归属感。领导幽默能有效提升员工的心理安全感，因此领导者应该重视并有效运用幽默这种管理工具，维持与员工的良好互动关系，营造轻松自由的建言氛围，让员工感知到领导对其建言行为的重视，鼓励员工积极建言献策。

第二，心理安全感是影响员工建言行为的重要因素，领导者可以为员工建言建立相应的制度激励，提供制度上的保障，明确表明组织对员工建言行为的支持态度。对于无法采纳的员工建议，除了采用比较委婉的幽默方式拒绝以外，还可以在合适的场合再进行反馈和解释，增强员工的建言安全感知。

第三，领导成员交换关系矛盾感知不利于员工的建言心理安全感，领导在与员工互动的过程中应该注意减轻这种矛盾感的负面影响。领导也应该注意自己与同一个员工在互动过程中的前后一致性，减弱员工对领导成员交换关系的矛盾感知。有研究表明，领导行为的不一致会使员工感知到更少的程序公平感，并使员工对未来与上级的关系产生更强的不确定性感知（Cremer，2003）。

6.4.3 研究局限与未来展望

本研究仍存在一定的局限性，可以在未来的研究中进一步改进。

第一，尽管本研究采用有时间间隔的数据来控制共同方法偏差，但是变量均由被试自我报告，并且因条件限制，采用的方式是让员工回忆自己提建议被拒绝的具体事情。虽然要求员工详细陈述具体事件，但是自变量和中介变量仍为同一时间点报告。尽管验证性因子分析结果表明各变量的区分效度良好，本研究数据不存在严重的共同方法偏差，但是仍然无法验证因果关系。未来研究可以使用情境实验法验证因果关系，同时使用更严谨的经验取样法收集员工及时的态度和反应，避免共同方法偏差可能带来的影响。

第二，本研究从社会信息加工视角探究领导未采纳建言幽默对员工建言行为的作用机制，但仅考虑了心理安全感的中介作用。未来可进一步从认知、情绪、面子压力或者社会交换理论等视角探究其他中间机制的影响。例如，领导者以幽默的方式拒绝采纳员工建议，可能会减轻员工的面子压力和负面情绪，影响员工对领导的信任感。另外，未来还可进一步将其他中介机制与本研究中心理安全感的影响机制进行比较。

第三，本研究仅探讨了领导成员交换关系矛盾感的调节作用，并未考虑领导行为、员工自身的态度和人格、情境等因素的调节作用。领导行为如不同的领导风格、领导的开放性等因素也可能会影响员工对领导拒绝建言表达的感知和解读。未来研究可进一步探究这些因素的调节作用，以便厘清其他边界条件的影响。

第四，领导者的幽默表达在不同的文化情境中可能会有差异（彭伟、马越和陈佳贤，2019）。在中国文化背景下，领导者的幽默表达可能会比较巧妙和内隐；而在西方文化背景下，幽默表达可能会更加直接（王婷和杨付，2019）。本研究的样本仅来自中国情境，未来研究可以收集西方样本对本模型进行验证，并比较东西方文化下的差异。

第 7 章

讨论与结论

在数字时代，企业所面临外部环境的不确定性增加，企业越来越需要员工主动提出建设性想法，推动组织变革和创新（戚聿东和肖旭，2020；Joseph 和 Gaba，2020）。本书在梳理员工建言行为前因变量相关文献的基础上，基于建言过程的视角，提出系统整合的研究模型，将研究内容细分为三个子研究，并基于多渠道、多方式收集的数据对研究模型进行实证。本章系统总结本书的研究结论，并结合已有研究探讨研究结论的理论意义和实践意义，最后阐述研究不足并提出未来的研究方向。

7.1 研究结论

本研究从建言过程的视角，构建了数字时代“个体因素—员工初次建言—领导未采纳建言—员工后续再建言”的链式整合模型，分别从个体方面和领导方面探讨数字时代员工初次建言行为和后续再建言行为的前因变量，并讨论其影响机制和边界条件。本研究运用结构方程模型、方差分析等方法对结果进行检验。从建言行为的个体前因和领导前因方面得到的主要结论如下。

7.1.1 个体方面

第一，在控制了职业承诺和组织承诺后，团队承诺对建言角色知觉产生正向影响。数字时代强调快速响应市场变化和持续创新，这要求团队成员不仅要完成分内的工作，还需积极提出改进建议。本研究指出团队承诺能促进这种建言行为，这意味着通过增强团队凝聚力和认同感，可以有效构建一个开放、共享的协作文化，为组织带来更多的创新点子和问题解决方案。虽然很多学者提出由于所处角色身份的不同，员工会对多个对象产生承诺（Bishop 和 Scott，2000；Reichers，1985；Wombacher 和 Felfe，2017），且员工对不同对象的承诺之间可能存在竞争关系或者利益冲突，但是员工多重承诺如何对员工态度和行为产生影响在近年来才开始受到学者们的关注（Burris、Rockmann 和 Kim，2017）。本研究响应这一呼吁，关注员工的职业承诺、团队承诺和组织承诺对建言角色知觉的影响。基于中国和美国样本的实证分析发现，在控制了职业承诺和组织承诺后，团队承诺与建言角色知觉正相关。

在数字化转型过程中，组织结构和工作方式不断演变，团队成为执行项目和推动变革的基本单元。高团队承诺促进的建言行为，使团队能更有效地识别问题、提出解决方案，加速组织内部的学习和调整过程，提高整体适应性。本研究发现，与越来越多的组织以团队为单位的工作形式一致（Stewart、Astrove、Reeves 等，2017），员工在与团队成员的频繁互动中会产生较高的团队承诺，因此更多通过与团队互动的工作来塑造自己的角色认知（Wombacher 和 Felfe，2017），进而淡化对组织的依赖和承诺。这一发现同管理实践中有团队负责人带整个团队跳槽的现象也是一致的。

但是，在控制团队承诺和职业承诺后，本研究未发现组织承诺与建言角色知觉的显著相关性，这可能是因为建言行为的“双刃剑”效应。虽然数字工具和平台使得信息传播和反馈收集更加迅速，员工建言能够更快地转化为实际的产品或服务改进，加快创新速度，提升市场竞争力，但是数字时代信息量巨大，未经过滤的大量建言可能导致决策者面临信息过载的问题，难以区分真正有价值的建议，从而影响决策效率。另外，数字沟通缺乏面对面交流的非语言线索，可能导致误解和冲突。负面或批评性的建言若处理不当，可能伤害团队士气和人际关系。本书在文献综述中回顾了建言行为可能带来的积极影响，如提高工作满意度、增加对工作的控制感等（Parker，1993），但建言行为也可能带来如降低建言者的可信度等负面影响（Milliken、Morrison 和 Hewlin，2003；Tepper、Duffy、Hoobler 等，2004），并且关于建言行为与领导对其绩效评价关系的研究结论也不一致（Seibert、Kraimer 和 Crant，2010；Whiting、Maynes、Podsakoff 等，2012）。因此，对于高职业承诺的员工而言，建言行为一方面可能会使自己获得领导赏识，带来职业晋升，另一方面会挑战领导的权威，可能对自身职业生涯造成打击。

第二，本研究发现控制职业承诺和组织承诺后，团队承诺通过建言角色知觉的中介作用对员工沉默行为产生影响。在数字时代，信息的即时性和透明度要求组织内部沟通更加开放和直接。本研究发现，团队承诺通过建言角色知觉减少员工沉默行为，这意味着强化团队信任和承诺感，能够鼓励员工更主动地表达观点和担忧，从而形成一种积极的沟通文化，有助于及时发现并解决工作中遇到的问题。已有研究从多个作用机制的视角探讨了员工个体前因对员工建言和沉默行为的影响（Detert 和 Burris，2007；Liu、Tangirala、Lam 等，2015；Liu、Zhu 和 Yang，2010；Walumbwa 和 Schaubroeck，2009）。随着远程工作和虚拟团队的普及，员工之间的物理距离增加，可能加剧沉默现象。通过增强团队承诺，即使在分散的工作环境中，也能有效激发员工的建言意愿，帮助克服数字隔离，促进团队成员间的有效沟通和协作。另外，Morrison（2011）的文献综述总结了两个占主导地位的解释机制，即建言安全感和员工对建言行为是否有效的判断。本研究从角色理论出发，发现角色理论为解释员工建言和沉默行为提供了另外的解释机制，并发现团队承诺通过建言角色知觉对员工沉默行为产生影响。

第三，本研究发现组织政治知觉对团队承诺通过建言角色知觉影响员工沉默行为的过程具有调节作用，表明组织政治知觉是影响员工如何理解工作职责的重要情境因素（Kacmar 和 Baron，1999）。在数字时代，组织结构更加扁平化，信息传递速度加快，但组织政治知觉（如对资源争夺、权力游戏等的感知）依然存在，可能影响团队协作和沟通。本研究揭示了组织政治知觉如何调节团队承诺与建言行为之间的关系，进而影响员工沉默行为，这有助于我们深入理解数字时代组织内部复杂的互动机制。较高程度的组织政治环境作为一种强情境（Mischel，1977），会削弱许多其他因素对个体态度和行为的影响。对于有较高团队承诺的员工而言，如果观察到工作环境中领导或者同事有较多的组织政治行为，有可能会产生认知失调感知（Festinger，1957）。为了重新获得认知平衡，他们可能会改变角色期望，弱化建言是工作职责一部分的感知。因此，数字时代的强情境会对员工的角色期望产生重要影响。

7.1.2 领导方面

第一，本研究发现数字时代领导未采纳建言解释具体性与员工心理安全感存在正相关关系。在快速变化的数字时代，当领导未采纳员工建言时，提供具体明确的解释能够增强员工的心理安全感。这意味着领导者的沟通方式至关重要，提供具体性解释不仅能够减少误会和猜测，还能表明领导者对员工意见的认真态度，即使不采纳也体现了对员工价值的认可，从而加深双方的理解和信任。本研究关注领导未采纳建言如何影响员工的态度和行为。领导在无法采纳员工建议时提供详细且清晰的解释，不仅可以提高员工对建议被拒绝这一信息的接受程度，还会使其感知到更高的公平感（Greenberg，1994；Patient 和 Skarlicki，2010）。另外，领导为无法采纳员工建议提供具体解释，可能会被员工视为领导尊重自身建议的信号（Janssen 和 Gao，2015）。员工由此感知到领导对自己提建议的支持态度，减少对建言行为可能带来风险的感知，进而增强心理安全感。

第二，本研究发现领导未采纳建言解释具体性、领导未采纳建言幽默均通过心理安全感的中介作用对员工后续建言行为产生正向影响。在数字时代，企业需要不断适应快速变化的市场和技术环境，员工的主动参与和创新思维至关重要。领导未采纳建言时，通过提供具体且幽默的解释，能够有效提升员工的心理安全感，减少因建言被否定而产生的担忧，从而鼓励员工在今后更加积极地提出建议和创新想法，持续为组织注入新鲜活力。员工对建言行为可能带来的风险的评估越低，就越少担忧建言行为对自身职业发展的负面影响，进而会有更强的建言意愿（Frazier、Fainshmidt、Klinger 等，2017）。心理安全感一直是已有建言研究中解释员工建言行为的核心机制变量（Milliken、Morrison 和 Hewlin，2003；Liang、Farh 和 Farh，2012）。本研究发现在领导未采纳建言的情境下，心理安全感仍然是解释员工后续建言行为的重要中介机制。

第三，本研究发现领导成员交换关系正向调节领导未采纳建言解释具体性与心理安全感之间的关系。在数字时代，工作环境更加灵活多变，领导与成员之间的高质量交换关系显得尤为重要。在领导成员交换关系质量高的情况下，领导通过具体性解释对未采纳建言进行有效回应，能极大地提升员工的心理安全感，这表明个性化、针对化的领导方式更能满足员工的内在需求，提高领导行为的有效性。即当领导成员交换关系质量高时，领导未采纳建言解释具体性对心理安全感的正向影响更强。这是因为在高质量的领导成员交换关系中，员工在与领导的互动中会尽可能寻找领导支持自己的信息，更倾向于对领导行为进行积极归因（Dulac、Coyleshapiro、Henderson 等，2008）。在领导成员交换关系质量高的员工看来，领导为没有采纳自己的建议提供具体解释，表明领导对双方关系的重视以及对自身意见的尊重，因而会有更强的心理安全感。

第四，本研究发现领导未采纳建言幽默与员工心理安全感存在正相关关系。在数字时代，工作环境快速变化，员工面临着持续的压力和不确定性。领导在未采纳建言时采用幽默的方式进行回应，可以有效缓解员工的紧张情绪，创造一个更加轻松愉悦的工作氛围。这种正向情绪的传播有助于提升整个团队的士气和积极性，促进员工之间的良好互动。幽默具有重要的社会功能，已有研究表明领导幽默能带来提高员工工作满意度、提升团队凝聚力、促进团队内部学习等积极影响（Avolio、Howell 和 Sosik，1999；Duncan，1982；Hughes 和 Avey，2013；Vecchio 和 Pearce，2009），另外还有助于化解人际冲突（Martin 和 Lefcourt，1983；Wanda、Vernard 和 Christopher，2000）。本研究发现领导用幽默的方式表达无法采纳员工建议，可以拉近与员工之间的距离，让员工感知到领导对其建言行为的支持态度，减少员工对后续再建言可能带来负面影响的感知，增加员工的心理安全感，进而增加其继续建言的意愿。

第五，本研究发现领导成员交换关系矛盾感负向调节领导未采纳建言幽默与心理安全感之间的关系。在数字时代，工作方式的灵活性和远程工作的普及为领导与员工之间的有效沟通带来了挑战。领导成员交换关系矛盾感的负向调节作用提醒领导者，即使在使用幽默的方式来缓解未采纳建言的潜在负面影响时，也必须注意维护所有团队成员间的平等和一致性，避免因个别对待而加剧团队内部的分裂感或不公平感。当领导成员交换关系矛盾感较高时，领导未采纳建言幽默对心理安全感的正向影响更弱。矛盾感违反人们对一致性的需求，会导致人们的认知失调（Festinger，1957）。对于领导成员交换关系矛盾感较高的员工而言，在与领导的冲突性沟通中，更可能产生负面情绪（Rothman、Pratt、Rees 等，2017）。领导成员交换关系矛盾感较高的员工在与领导的互动中更倾向于对领导行为进行负面归因。在领导成员交换关系矛盾感较高的员工看来，领导用幽默的方式表达不采纳自己的建议，是因为领导不支持自己的建言行为，进而会降低其心理安全感。

7.2 理论意义

本研究关注数字时代员工建言行为的前因变量，在总结已有研究不足的基础上，从建言过程的视角提出本研究的综合模型，根据研究问题分别以三个子研究进行验证。本研究通过不同渠道、不同方法收集数据并对模型进行验证，得到的研究结论具有一定的理论意义。

第一，本研究基于建言过程展开，为数字时代员工建言行为研究提供了新的视角。在数字时代背景下，信息传播速度加快、渠道更加多样化，员工建言行为不再是一个静态过程，而是涉及多方交互、实时反馈的动态过程。研究建言过程强调了信息如何在数字平台上生成、传播、被接收及响应，为理解数字时代组织沟通和决策机制提供了新的视角。已有对员工建言行为的研究的假设基础是员工会多次建言（Grant，2013），忽视了员工建言行为的偶发性。事实上，从建言过程的视角来看，原来保持沉默的员工可能会因公司政策及领导的支持而开始有建言行为，相反，原来有建言行为的员工也可能会因领导不恰当的回应而选择保持沉默。

基于这样的观察，本研究挑战员工会多次建言的假设，提出员工建言的系统整合模型，形成“个体因素—员工初次建言—领导未采纳建言—员工后续再建言”的闭环。本研究通过该模型探究员工初次建言行为选择的个体前因，在此基础上探究领导未采纳建言的表达如何影响员工的后续再建言行为。该整合模型也与已有研究主要从个体态度因素和领导者行为因素讨论建言行为前因的逻辑一致（段锦云和魏秋江，2012；于静静、蒋守芬和赵曙明，2015；Detert 和 Burris，2007；Morrison，2011；Morrison，2014；Premeaux 和 Bedeian，2003；Walumbwa 和 Schaubroeck，2009）。大数据和人工智能技术的应用，使员工的建言能够基于更丰富的数据，从而提高了建言的客观性和说服力。研究建言过程的视角应包含如何利用这些技术提升建言质量，以及如何处理由数据分析驱动的建言可能带来的伦理和隐私问题。本研究有利于从建言过程的视角，进一步丰富对员工建言行为形成机制的理论研究，为更全面地认识员工建言行为的前因提供重要的理论和实证依据，也为后续关于员工建言行为变化的研究提供一定的理论借鉴。

第二，丰富领导者行为对数字时代员工建言行为影响的相关研究。数字时代的领导者越来越多地借助数字工具和平台来指导、激励和评估员工，这要求在领导者行为研究中纳入技术因素。探究如何通过数字化领导行为促进员工建言，对于理解新时代领导力的特征至关重要。员工建言行为是一种自愿行为，领导者回应是影响员工建言行为的重要因素（Deichmann 和 Ende，2014；Detert 和 Burris，2007；Frazier 和 Fainshmidt，2012；King、Ryan 和 Dyne，2019；McClean、Burris 和 Detert，2013；Tangirala 和 Ramanujam，2012）。领导是否采纳员工的建言对员工有更直接的意义，关系到建言在组织中的效用。既有研究已关注到，领导对建言行为的采纳会促进员工再建言（章凯、时金京和罗文豪，2020）。

数字工具促进了信息的透明化，减少了传统组织结构中的层级障碍，理论上缩短了权力距离，使得领导者更容易接近，员工也更愿意提出建议。研究应关注这种变化如何影响领导者鼓励建言的行为模式，以及如何通过建立更加平等的沟通机制来提升员工的参与感和建言意愿。鉴于领导者无法采纳员工建议的情况是客观和普遍存在的，本研究尝试探讨领导未采纳员工建言如何对员工后续再建言行为产生影响，以弥补已有研究对此方面关注的不足，并为此方面的进一步研究提供一定的基础和借鉴。

第三，拓展对员工多重承诺影响数字时代员工建言行为的认识。在数字时代，员工往往拥有更加多元的职业身份和工作角色，这使得他们在职业、组织、团队等多个层面上形成了不同的承诺关系。研究多重承诺如何共同作用于员工的建言行为，有助于构建更复杂的个体忠诚度模型，理解员工在多重角色和责任下的行为动机。已有研究发现员工对组织的情感承诺有利于防止员工保持沉默，促使员工表达自己的建议（Duan、Lam、Chen 等，2010；Thomas、Whitman 和 Viswesvaran，2010；Wang、Weng、McElroy 等，2014）。但是根据角色理论（Reichers，1985），由于身份不同，员工可能会同时对多个对象产生承诺。已有的员工建言行为研究忽视员工多重承诺可能带来的差异影响，而本研究结论在一定程度上揭示了研究员工对单个对象的承诺对员工态度和行为影响的不全面性，进而表明在数字时代员工建言行为研究中探索员工多重承诺的必要性，为未来更细致地开展以不同对象为导向的员工承诺研究提供借鉴。

第四，丰富对影响数字时代员工建言行为的边界条件的认识。在快速变化的数字环境中，组织需要具备高度的适应性和创新能力。深入理解影响建言行为的边界条件，有助于组织识别和利用那些能够促进创新思维和快速响应外部变化的因素。已有研究从个体特征方面（如主动性人格、工作满意度、团队认同感等）（张军成，2016；Liang、Fahr 和 Fahr，2012；Morrison、Wheeler-Smith 和 Kamdar，2011）、团队和组织特征方面（如建言渠道、团队规模和结构等）（Morrison 和 Milliken，2000；Tangirala 和 Ramanujam，2008b）探讨员工建言行为的边界条件，对于个体与情境互动的关注较少。本书的三个子研究都是从个体与情境互动的视角选取调节变量，第一个子研究关注个体对工作环境中组织政治的感知如何影响多重承诺员工对建言角色的知觉，第二个和第三个子研究关注个体对与领导关系的感知如何影响其对领导未采纳建言表达方式的理解，进而影响其心理安全感。本研究从员工与情境互动的视角探究影响员工建言行为的边界条件，有助于拓展对员工建言行为边界条件的理解。

7.3 实践意义

本研究也具有一定的管理实践启示。

第一，数字时代信息传递迅速，透明度高，维护一个开放、包容的沟通环境对于激发团队创造力和保持组织灵活性至关重要。管理者详尽说明不采纳员工建议的原因，或以幽默的方式缓解紧张感，能促进持续的开放交流，让员工感到他们的声音被听见和尊重，即使意见未被采纳，也愿意继续分享想法。虽然管理者鼓励员工积极建言以发现组织问题、提高组织运行效率，但由于组织资源有限等原因，员工建议无法被采纳的情况是无法避免的。当管理者无法采纳员工建议的时候，应该注意自己拒绝员工建议时的表达方式，尽可能地提供详尽和清晰的理由，或者使用轻松幽默的方式化解紧张氛围，从而增加员工的心理安全感。这既能让员工感知到管理者对其建议的尊重，也能通过告知当下未采纳建议的具体原因，引导员工反思如何优化建议，进而助力其持续提升建言质量。

随着远程工作和虚拟团队的增多，面对面交流减少，员工可能更容易感到孤立和不安。在这种背景下，管理者明确、友好的反馈方式能有效增强团队成员之间的连接感，减少误解和隔阂，对于维护虚拟团队的凝聚力和协作效率特别重要。在数字时代，领导者的角色不仅是决策者，更是团队氛围的营造者和沟通的促进者。通过有效的沟通方式处理不采纳建议的情况，展示了领导者的人文关怀、沟通技巧和对数字工具的恰当运用，这是数字化领导力的重要组成部分。

第二，在数字时代，沟通方式从传统的面对面交流转向更多依赖电子邮件、即时消息、企业社交平台等数字工具。管理者需要认识到，这些新渠道可能会影响员工建言的频率、形式和内容，比如更倾向于书面表达、碎片化沟通或是匿名建言。因此，管理者应积极适应这些变化，利用多种沟通平台鼓励并收集员工建言，同时确保信息的准确传达和反馈的及时性。

管理者应该明确员工建言行为具有动态变化的特点，实时关注员工建言行为是否保持前后一致。特别是当存在未采纳员工提议的情况时，管理者应该建立良好的反馈机制，让员工明白管理者支持其建言行为，增强员工的心理安全感，以此促进和维护员工的持续建言行为。针对不同的员工，管理者需要考虑如何增强其心理安全感，避免因未采纳员工建议而使员工转向沉默。

在数字时代，员工更加注重个性化和定制化体验，这同样反映在建言过程中。管理者应认识到员工可能根据自己的偏好选择不同的建言方式，如基于数据分析提出建议、通过视频形式提交提案等。因此，建立一个包容多种表达形式的建言机制，可以吸引更多员工参与。

第三，在数字时代，远程工作和虚拟团队成为常态，员工可能因地理位置分散而感到孤立，导致沟通障碍和团队凝聚力下降。通过强化团队承诺和任务管理，使用数字工具促进透明沟通，如定期召开视频会议、使用项目管理软件共享进度，可以增强团队成员间的联系，确保即使在远程环境中也能高效协作。

为防止员工保持沉默，激励员工积极提建议，管理者应该使用多种管理政策增强成员的团队承诺，加强团队的任务管理，提升团队凝聚力。例如，在任务设计时增加成员的相互依赖性，确保团队内部的任务分配清晰、合理，建立良好的平衡和相互帮助机制；增加团队内部不同成员间的交流和沟通，促进成员积极分享经验；发挥团队内部各个成员的优势，促进优劣互补和资源整合，提高团队成员的合作产出，增强成员的团队承诺。

数字技术的快速发展要求组织不断创新和快速适应。通过增强团队凝聚力和成员的团队承诺，可以构建一个支持试错、鼓励创新的环境，促使员工敢于提出新想法，不断探索和实验，进而推动组织在技术和业务模式上持续创新。

第四，在高度网络化和协作化的数字环境中，企业往往需要通过跨团队协作来完成复杂项目。如果员工仅对小团队有高度承诺，可能会限制资源和信息的自由流动，影响整体效率和创新能力。平衡团队承诺与组织承诺，可以促进更广泛的网络合作，增强组织整体的协同效应。

对于主要以团队为单位开展工作的企业，应避免出现员工对团队承诺过高而对组织承诺过低的情况。组织可以通过系统性的高承诺的人力资源管理实践，加强组织层面的内部建设，让员工获得更多的职业发展机会，提高员工在组织中的工作满意度，增强员工对组织的承诺。

确保员工对组织有适度的承诺，有助于保持个体目标与组织战略的一致性。在快速变化的数字环境中，组织需要快速调整战略方向，而员工的组织承诺有助于他们理解并支持这些变化，确保团队行动与组织长远目标保持一致。

第五，在数字时代，信息传播迅速，员工对透明度和真实性有着更高的期待。领导者应减少组织政治行为，通过公开、公正的决策过程增强员工对组织的信任，促进信息的开放共享，形成透明和正直的组织文化。领导者的行为为员工提供了自我角色认知的模范，当领导者更多投入到有利于团队和组织发展的行为中时，能促进员工对自我工作角色的理解。领导者要最大限度地减少组织政治行为对员工的影响，引导员工形成良性的组织政治感知。此外，组织也需要通过一系列奖惩措施和制度规范等来避免组织政治行为，进而降低员工的组织政治感知。

在快速变化的市场环境中，创新是企业持续发展的关键。减少组织政治，可以减少资源的无效消耗和内部竞争，使员工将更多精力投入到创新和解决问题上，提高组织的敏捷性和适应能力。组织政治可能导致决策偏见，影响决策质量。领导者以身作则，倡导基于事实和数据的决策过程，可以提高决策的客观性和准确性，使企业更快地抓住市场机遇，应对挑战。在数字时代，远程工作和灵活工作安排成为常态，这要求更高水平的信任和自主性。减少组织政治，建立基于成果而非表面表现的评价体系，对于支持远程工作模式、维持团队凝聚力和工作效率尤为重要。

第六，在数字时代，工作环境的快速变化要求领导者具备高度的个性化管理能力，特别是要注重与每位团队成员建立高质量的领导成员交换关系。领导者应主动识别领导成员交换关系质量较低的员工，通过个性化沟通、辅导和支持，增强这些员工的信任感和归属感，减少其在面对反馈时的防御性，从而提升整个团队的心理安全水平。

研究发现，领导成员交换关系质量低的员工容易对领导未采纳建议的解释产生防御反应，降低其心理安全感。尽管领导对团队内部不同的成员很难做到一视同仁，但是在拒绝领导成员交换关系质量较低的员工时，需要更加注意通过多种方式增强其心理安全感，避免让员工感知到自己的解释像推辞或者借口，应该呈现更加客观、合理且让人信服的理由，增加员工对领导的信任感，进而促进员工在后续有想法时继续提建议。

鉴于数字时代沟通方式的多样化，领导者应巧妙运用电子邮件、即时通信、视频会议等工具，确保对未采纳建议的解释清晰、及时且具有同理心，减少因沟通方式不当而引起的误解或防御反应。此外，利用数字平台开展匿名调查可以为领导成员交换关系质量较低的员工提供一个安全的表达渠道，增强其心理安全感。

第七，领导成员交换关系矛盾感会对员工的心理安全感产生消极影响，领导在与员工互动的过程中应该注意减轻这种矛盾感的负面影响。领导也应该注意自己与同一个员工在互动过程中的前后一致性，减弱员工对领导成员交换关系的矛盾感知。有研究表明，领导行为的不一致会使员工感知到更少的程序公平感，并使员工对未来与上级的关系产生更强的不确定性感知。

在数字时代，远程工作成为常态，领导与员工的物理距离增加，这可能导致领导成员交换关系矛盾感加剧，影响团队凝聚力和信任。领导应通过定期视频会议、即时通信中的积极反馈、透明化管理等方式，增强远程团队成员之间的信任感和归属感，减轻由于距离造成的误解和不安全感。数字平台和工具为领导提供了更高效、透明的沟通渠道。领导应善用项目管理软件、企业社交网络等工具，及时分享信息、反馈进展，确保所有团队成员都能平等、即时地获取信息，减少信息不对称带来的领导成员交换关系矛盾感，增强员工的心理安全感。在数字时代，信息快速流通，鼓励开放、直接的反馈文化尤为重要。领导应建立一个安全的环境，鼓励员工表达不同意见和感受，同时对反馈给予认真倾听和妥善回应，即使是对未采纳建议的解释也要体现出尊重和理解，减少员工的防御心理，增强其心理安全感。

7.4　研究不足与未来方向

本研究仍存在一定的局限性，可以在未来的研究中进一步改进。

第一，在个体前因即员工多重承诺的影响研究中，横截面数据的收集方式无法验证变量间的因果关系，未来可采用纵向数据的收集方式进行进一步验证。另外，本研究将团队承诺、组织承诺和职业承诺同时作为自变量，然而员工的三类承诺也可能存在交互影响或者递进影响关系，未来研究应进一步探究。在数字时代，远程工作和虚拟团队成为常态，这给传统的面对面沟通和建言带来了挑战。未来研究可继续基于建言过程的视角深入探究在缺乏直接人际交往的环境中，如何有效激发和管理建言行为，以及如何通过技术手段增强虚拟团队的凝聚力和成员间的信任感。同时，数字技术的发展改变了建言的形式、内容和影响范围。例如，社交媒体、企业社交软件等工具为员工提供了新的建言平台，使得建言更加便捷、匿名或公开。未来研究建言过程时需要考虑技术如何促进或限制建言行为，以及其对员工心理状态和组织文化的影响。

第二，对于领导拒绝采纳建言的数据，均通过被试自我报告收集，并且因条件限制，采用的是让员工回忆并详细陈述具体事件的方式，这可能会存在一定的偏差。未来研究可以采用更严谨的经验取样法，收集员工及时的态度和反应，避免共同方法偏差可能带来的影响。

第三，本研究仅考察了领导未采纳建言时的两种表达方式，即解释具体性和幽默程度对员工后续建言行为的影响，未来研究可进一步探索其他类型的表达方式，如采用公开拒绝还是私下拒绝的方式对员工后续建言行为的影响。另外，数字技术使得即时反馈成为可能，领导者可以迅速响应员工的建言，这对于持续激发员工的建言积极性具有重要影响。未来研究可探讨如何利用数字平台实现高效反馈循环，以及这种即时性如何塑造员工对领导行为的感知和建言行为的持续性。在数字时代，数据成为决策的重要依据。未来研究可考察领导者如何利用数据支持员工的建言，以及如何培养员工的数据素养，使他们能够基于数据提出更有价值的建议，共同参与决策过程，提升组织的智能化水平。

第四，在中介机制方面，本研究仅考虑了影响员工建言行为的心理安全感的中介作用，未来可进一步从认知、情绪、面子压力或者社会交换理论等视角探究其他中间机制的影响，并且也可以将其与本研究中心理安全感的影响机制进行比较。

第五，未来可进一步开展跨文化比较研究。在不同的文化背景下，员工对领导拒绝行为的理解可能会存在差异，对领导幽默、提供解释的反应也可能有所不同。未来研究可以进一步比较东西方文化中领导未采纳建议对员工后续建言行为影响的差异。

第六，本研究的结果变量为促进性建言和抑制性建言，但是并未考虑建言被拒绝时的建言类型。未来研究可进一步探索领导未采纳建言是否会引发员工建言类型的转变，如从初次的促进性建言转向后续的抑制性建言。另外，已有文献从多个维度对员工建言行为进行了分类，本研究仅关注研究较多、按建言目的划分的促进性建言和抑制性建言两类，未来研究可探索其他类型的建言行为，如默许型建言、亲和型建言和防御型建言等。

第七，未来可进一步识别和分析数字时代特有的边界条件，如远程工作环境、虚拟团队协作、技术媒介的多样性等对员工建言行为的影响。可以进一步细化和拓展现有的建言行为理论模型，使其更加贴合现实情境，提高理论的解释力和预测力。

第八，本研究的系统整合模型为“个体因素—员工初次建言—领导未采纳建言—员工后续再建言”。在具体的验证过程中，本研究通过三个子研究分别探究员工初次建言的个体前因和员工后续再建言的领导前因，但是并未直接探究员工初次建言与员工后续再建言之间的关系。未来研究可通过追踪数据设计、经验取样等方式，具体研究员工初次建言未采纳到员工后续再建言这一过程。另外，受条件限制，子研究一测量的是员工沉默行为。尽管有学者认为员工沉默与员工建言是存在重叠和理论关联的概念，且均属于更广泛的有关表达或抑制沟通的行为（Knoll 和 Redman，2016；Tangirala 和 Ramanujam，2008b），但也有学者认为它们是差异显著的两个概念（Sherf、Parke 和 Isaakyan，2021）。未来研究可在子研究一中测量建言行为，以期与本研究结果进行对比。

参考文献

[1] 陈春花．共享时代的到来需要管理新范式[J]．管理学报，2016，13(2)：157-164.

[2] 陈奎庆，于小进．社会学习抑或社会交换：包容型领导对员工建言的影响机制探究[J]．常州大学学报(社会科学版)，2018，19(4)：41-54.

[3] 陈琳，田晓明，段锦云．建议采纳的认知机制[J]．心理科学进展，2019，27(1)：153-163.

[4] 邓今朝，黄中梅，余绍忠．员工建言行为与团队绩效的关系——成员目标取向的作用[J]．软科学，2015，29(6)：81-85.

[5] 段锦云．员工建言和沉默之间的关系研究：诺莫网络视角[J]．南开管理评论，2012，15(4)：80-88.

[6] 段锦云．家长式领导对员工建言行为的影响：心理安全感的中介机制[J]．管理评论，2012，24(10)：109-142.

[7] 段锦云，黄彩云．变革型领导对员工建言的影响机制再探：自我决定的视角[J]．南开管理评论，2014，17(4)：98-109.

[8] 段锦云，凌斌．中国背景下员工建言行为结构及中庸思维对其的影响[J]．心理学报，2011，43(10)：1185-1197.

[9] 段锦云，施嘉逸，凌斌．高承诺组织与员工建言：双过程模型检验[J]．心理学报，2017，49(4)：539-553.

[10] 段锦云，魏秋江．建言效能感结构及其在员工建言行为发生中的作用[J]．心理学报，2012，44(7)：972-985.

[11] 段锦云，张晨，田晓明．员工建言行为的发生机制：来自领导的影响[J]．中国人力资

源开发，2016（5）：16–26.
[12] 段锦云，张晨，徐悦．员工建言行为的人口统计特征元分析［J］．心理科学进展，2016，24（10）：1568–1582.
[13] 高洁，温忠麟，王阳，等．领导幽默风格对团队内部学习的影响［J］．心理科学，2019，42（4）：913–919.
[14] 胡恩华，章燕，单红梅，等．企业承诺和工会承诺对员工建言行为的影响研究［J］．管理学报，2018，15（8）：51–58.
[15] 贾明媚，张靓婷，王琼．领导风格与员工建言：基于双向信任的视角［J］．科研管理，2020，41（3）：238–246.
[16] 博克．重新定义团队：谷歌如何工作［M］．宋伟，译．北京：中信出版社，2015.
[17] 李树文，罗瑾琏．领导－下属情绪评价能力一致与员工建言：内部人身份感知与性别相似性的作用［J］．心理学报，2020，52（9）：1121–1131.
[18] 李树文，罗瑾琏，梁阜．与“亲近”的人畅所欲言：双元领导对员工建言的影响路径与边界［J］．外国经济与管理，2020，42（6）：99–109.
[19] 李燕萍，徐嘉．新生代员工：心理和行为特征对组织社会化的影响［J］．经济管理，2013，4（4）：61–61.
[20] 梁建．道德领导与员工建言：一个调节－中介模型的构建与检验［J］．心理学报，2014，46（2）：252–264.
[21] 梁建，唐京．员工合理化建议的多层次分析：来自本土连锁超市的证据［J］．南开管理评论，2009，12（3）：125–134.
[22] 刘巨钦，宗博强．职场排斥与员工建言行为：组织自尊的中介效应和主动性人格的调节效应［J］．首都经济贸易大学学报，2019，21（4）：65–73.
[23] 刘一涛，余福海．变革型领导、建设性变革义务感与员工建言行为关系的实证研究［J］．预测，2019，38（5）：29–35.
[24] 刘云，杨东涛，安彦蓉．领导幽默对员工创新行为的影响——有调节的双中介模型［J］．软科学，2020，34（9）：103–108.
[25] 卢红旭，段锦云，刘艳彬．建言行为的理论机制及未来研究展望［J］．心理科学，2020，

43（5）：1235-1242.

［26］苗仁涛，周文霞，刘丽，等. 高绩效工作系统有助于员工建言？一个被中介的调节作用模型［J］. 管理评论，2015，27（7）：105-115.

［27］潘亮，杨东涛. 代际视角下相对的领导－成员交换关系对员工建言行为的影响研究［J］. 管理学报，2020，17（4）：518-526.

［28］彭伟，马越，陈佳贤. 领导幽默研究述评及中国情境化研究展望［J］. 管理学报，2019，16（12）：1880-1889.

［29］齐蕾，刘冰，魏鑫. 包容型领导对员工建言行为的双重作用机制研究［J］. 商业经济与管理，2019，336（10）：42-50.

［30］戚聿东，肖旭. 数字经济时代的企业管理变革［J］. 管理世界，2020，36（6）：140-157.

［31］隋杨，张悦，陈琴. 上级发展性反馈与员工建言：情绪的中介作用及团队认同感的调节作用［J］. 管理评论，2019，31（11）：163-172.

［32］孙健敏，尹奎，李秀凤. 同事信任对员工建言行为影响的作用机制研究［J］. 软科学，2015，29（11）：93-96.

［33］唐汉瑛，龙立荣. 员工建言促进工作绩效：谦卑领导的调节作用［J］. 管理科学，2019，32（1）：91-100.

［34］王孟成. 潜变量建模与 Mplus 应用［M］. 重庆：重庆大学出版社，2014.

［35］王婷，杨付. 领导幽默的影响效果及其理论解释［J］. 心理科学进展，2019，27（9）：115-126.

［36］王伟，刘汉轻. 越轨创新的前因、过程与结果研究［J］. 科技管理研究，2020，40（15）：20-25.

［37］王晓辰，李佳颢，吴颖斐，等. 领导人际情绪管理和员工建言的关系：有调节的中介效应分析［J］. 心理科学，2020，43（1）：158-164.

［38］阎亮，马贵梅. 工作满意或不满意促进建言？——代际差异与 PIED 的调节效应［J］. 管理评论，2018，30（11）：176-185.

［39］谢江佩，朱玥，施荣荣，等. 管理开放性与员工建言：基于组织的自尊与亲社会动机的

作用［J］. 浙江社会科学，2020（3）：80–87.

［40］姚楠，张亚军，周芳芳. 自我牺牲型领导对员工建言的影响：有调节的中介效应［J］. 科研管理，2019，40（9）：224–233.

［41］于静静，蒋守芬，赵曙明. 冲突管理方式与员工建言行为的关系研究——基于心理安全感和权力距离视角［J］. 华东经济管理，2015，29（10）：168–174.

［42］于岩平，卢晴，王平. 以情促言：情感型领导对员工建言行为的影响［J］. 领导科学，2020（6）：97–100.

［43］詹小慧，李群. 组织支持感与员工创新绩效：一个跨层次的调节模型［J］. 当代经济管理，2020，42（1）：71–77.

［44］张军成. 谦卑型领导对员工建言行为的影响：心理安全感与主动型人格的作用［J］. 商业经济与管理，2016（11）：25–33.

［45］章凯，时金京，罗文豪. 建言采纳如何促进员工建言：基于目标自组织视角的整合机制［J］. 心理学报，2020，52（2）：121–131.

［46］赵玉田，崔玉娇. 新生代员工工作价值观与员工建言行为的关系研究［J］. 天津商业大学学报，2017，5（3）：63–68.

［47］周晔，黄旭，谢五届. 资质过剩感会激发员工建言吗？——基于公平启发视角［J］. 管理评论，2020，32（8）：1–12.

［48］朱永跃，欧阳晨慧. 领导授权与员工创造力：建言行为和权力距离的影响［J］. 工业工程与管理，2019，24（2）：116–122.

［49］朱玥，王晓辰. 服务型领导对员工建言行为的影响：领导 – 成员交换和学习目标取向的作用［J］. 心理科学，2015，38（2）：426–432.

［50］Amabile T M，Barsade S G，Mueller J S，et al. Affect and creativity at work［J］. Administrative Science Quarterly，2005，50（3）：367–403.

［51］Argote L，Ingram P. Knowledge transfer：a basis for competitive advantage in firms［J］. Organizational Behavior and Human Decision Processes，2000，82（1）：150–169.

［52］Ashford S J，Sutcliffe K M，Christianson M K. Speaking up and speaking out：the leadership dynamics of voice in organizations［M］//Greenberg J，Edwards M.Voice and Silence in

Organizations. Bingley, UK: Emerald, 2009: 175–202.

[53] Avolio B J, Howell J M, Sosik J J. A funny thing happened on the way to the bottom line: humor as a moderator of leadership style effects [J]. Academy of Management Journal, 1999, 42 (2): 219–227.

[54] Ayduk O, Gyurak A, Luerssen A. Individual differences in the rejection–aggression link in the hot sauce paradigm: the case of rejection sensitivity [J]. Journal of Experimental Social Psychology, 2008, 44 (3): 775–782.

[55] Ayduk O, Mendoza–Denton R, Mischel W, et al. Regulating the interpersonal self: strategic self–regulation for coping with rejection sensitivity [J]. Journal of Personality and Social Psychology, 2000, 79 (5): 776–792.

[56] Bai Y, Lin L, Liu J T. Leveraging the employee voice: a multi–level social learning perspective of ethical leadership [J]. The International Journal of Human Resource Management, 2019, 30 (12): 1869–1901.

[57] Bandura A. Social learning theory [M]. Englewood Cliffs, N J: Prentice–Hall, 1977.

[58] Baron R A. Negative effects of destructive criticism: impact on conflict, self–efficacy, and task performance [J]. Journal of Applied Psychology, 1988, 73 (2): 199–207.

[59] Bateman T S, Crant J M. The proactive component of organizational behavior: a measure and correlates [J]. Journal of Organizational Behavior, 1993, 14 (2): 103–118.

[60] Becker T E, Billings R S. Profiles of commitment: an empirical test [J]. Journal of Organizational Behavior, 1993, 14 (2): 177–190.

[61] Becker T E, Kernan M C. Matching commitment to supervisors and organizations to in–role and extra–role performance [J]. Human Performance, 2003, 16 (4): 327–348.

[62] Babič K, Černe M, Connelly C E, et al. Are we in this together? Knowledge hiding in teams, collective prosocial motivation and leader–member exchange [J]. Journal of Knowledge Management, 2019, 23 (8): 1502–1522.

[63] Biddle B J. Role theory: expectations, identities, and behaviors [M]. New York: Academic Press, 1979.

[64] Biddle B J. Recent developments in role theory [J] . Annual Review of Sociology, 1986, 12: 67–92.

[65] Bishop J W, Scott K D. An examination of organizational and team commitment in a self–directed team environment [J] . Journal of Applied Psychology, 2000, 85 (3): 439–450.

[66] Black S E, Lynch L M. What's driving the new economy? The benefits of workplace innovation [J] .The Economic Journal, 2004, 114 (493): 97–116.

[67] Blau P M. Exchange and power in social life [M] . New York, NY: Wiley, 1964.

[68] Bonaccio S, Dalal R S. Advice taking and decision–making: an integrative literature review, and implications for the organizational sciences [J] . Organizational Behavior and Human Decision Processes, 2006, 101 (2): 127–151.

[69] Botero I C, Van Dyne L. Employee voice behavior interactive effects of LMX and power distance in the United States and Colombia [J] . Management Communication Quarterly, 2009, 23 (1): 84–104.

[70] Bravo J, Seibert S E, Kraimer M L, et al. Measuring career orientations in the era of the boundaryless career [J] . Journal of Career Assessment, 2015, 25 (3): 502–525.

[71] Presti A L, Pluviano S, Briscoe J P. Are freelancers a breed apart? The role of protean and boundaryless career attitudes in employability and career success [J] . Human Resource Management Journal, 2018, 28 (3): 427–442.

[72] Brislin R W. The wording and translation of research instruments [M] // Lonner W J, Berry J W.Cross–cultural research and methodology series (Vol. 8): field methods in cross–cultural research. Newbury Park, CA: Sage Publications, 1986.

[73] Browne M W, Cudeck R. Alternative Ways of Assessing Model Fit [M] //Bollen K A, Long J S.Testing structural equation models. Beverly Hills, CA: Sage, 1993: 136–162.

[74] Bryson A, Freeman R, Gomez R, et al. The twin track model of employee voice: an Anglo–American perspective on union decline and the rise of alternative forms of voice [M]// Holland P, Teicher J, Donaghey J D. Employee Voice at Work. Singapore: Springer, 2019: 23–50.

[75] Buhrmester M, Kwang T, Gosling S D. Amazon's mechanical turk: a new source of inexpensive, yet high-quality, data? [J]. Perspectives on Psychological Science, 2011, 6 (1): 3-5.

[76] Burris E R. The risks and rewards of speaking up: managerial responses to employee voice [J]. Academy of Management Journal, 2012, 55 (4): 851-875.

[77] Burris E R, Detert J R, Chiaburu D S. Quitting before leaving: the mediating effects of psychological attachment and detachment on voice [J]. Journal of Applied Psychology, 2008, 93 (4): 912-922.

[78] Burris E R, Detert J R, Romney A C. Speaking up vs. being heard: the disagreement around and outcomes of employee voice [J]. Organization Science, 2013, 24 (1): 22-38.

[79] Burris E R, Rockmann K W, Kim Y. The value of voice (to managers): employee identification and the content of voice [J]. Academy of Management Journal, 2017, 60 (6): 2099-2125.

[80] Chang M, Gruner C R. Audience reaction to self-disparaging humor [J]. Southern Communication Journal, 1981, 46 (4): 419-426.

[81] Chester D S, DeWall C N. Combating the sting of rejection with the pleasure of revenge: a new look at how emotion shapes aggression [J]. Journal of Personality and Social Psychology, 2017, 112 (3): 413-430.

[82] Cheung G W, Lau R S. Testing mediation and suppression effects of latent variables: bootstrapping with structural equation models [J]. Organizational Research Methods, 2008, 11 (2): 296-325.

[83] Cheung G W, Rensvold R B. Testing factorial invariance across groups: a reconceptualization and proposed new method [J]. Journal of Management, 1999, 25 (1): 1-27.

[84] Cheung G W, Rensvold R B. Assessing extreme and acquiescence response sets in cross-cultural research using structural equations modeling [J]. Journal of Cross-Cultural Psychology, 2000, 31 (2): 187-212.

[85] Cole M S, Bernerth J B, Walter F, et al. Organizational justice and individuals' withdrawal:

unlocking the influence of emotional exhaustion [J]. Journal of Management Studies, 2010, 47 (3): 367–390.

[86] Colquitt J A, Rodell J B. Justice, trust, and trustworthiness: a longitudinal analysis integrating three theoretical perspectives [J]. Academy of Management Journal, 2011, 54(6): 1183–1206.

[87] Cooper C D, Kong D T, Crossley C D. Leader humor as an interpersonal resource: integrating three theoretical perspectives [J]. Academy of Management Journal, 2018, 61(2): 769–796.

[88] Cortina L M, Magley V J. Raising voice, risking retaliation: events following interpersonal mistreatment in the workplace [J]. Journal of Occupational Health Psychology, 2003, 8(4): 247–264.

[89] Craik K H, Lampert M D, Nelson A J. Sense of humor and styles of everyday humorous conduct [J]. Humor – International Journal of Humor Research, 1996, 9 (3): 273–302.

[90] Crant J M. Proactive behavior in organizations [J]. Journal of Management, 2000, 26 (3): 435–462.

[91] Crawford C B. Theory and implications regarding the utilization of strategic humor by leaders [J]. The Journal of Leadership Studies, 1994, 1 (4): 53–68.

[92] Cremer D D. Why inconsistent leadership is regarded as procedurally unfair: the importance of social self–esteem concerns [J]. European Journal of Social Psychology, 2003, 33 (4): 535–550.

[93] Cropanzano R, Anthony E L, Daniels S R, et al. Social exchange theory: a critical review with theoretical remedies [J]. Academy of Management Annals, 2017, 11 (1): 1–38.

[94] Cropanzano R, Bowen D E, Gilliland S W. The management of organizational justice [J]. Academy of Management Perspectives, 2007, 21 (4): 34–48.

[95] Csikszentmihalyi M. Creativity: flow and the psychology of discovery and invention [M]. New York: Harper/Collins, 1996.

[96] Decker W H, Rotondo D M. Relationships among gender, type of humor, and perceived

leader effectiveness [J]. Journal of Managerial Issues, 2001, 13 (4): 450-465.

[97] Deichmann D, Ende J V D. Rising from failure and learning from success: the role of past experience in radical initiative taking [J]. Organization Science, 2014, 25 (3): 670-690.

[98] Detert J R, Burris E R. Leadership behavior and employee voice: is the door really open? [J]. Academy of Management Journal, 2007, 50 (4): 869-884.

[99] Detert J R, Burris E R. Can your employees really speak freely [J]. Harvard Business Review, 2016, 94 (1): 80-87.

[100] Detert J R, Burris E R, Harrison D A, et al. Voice flows to and around leaders: understanding when units are helped or hurt by employee voice [J]. Administrative Science Quarterly, 2013, 58 (4): 624-668.

[101] Detert J R, Treviño L K. Speaking up to higher-ups: how supervisors and skip-level leaders influence employee voice [J]. Organization Science, 2010, 21 (1): 249-270.

[102] Dienesch R M, Liden R C. Leader-member exchange model of leadership: a critique and further development [J]. Academy of Management Review, 1986, 11 (3): 618-634.

[103] Dimitruk P, Schermelleh-Engel K, Kelava A, et al. Challenges in nonlinear structural equation modeling [J]. Methodology, 2007, 3 (3): 100-114.

[104] Duan J, Lam W, Chen Z, et al. Leadership justice, negative organizational behaviors, and the mediating effect of affective commitment [J]. Social Behavior & Personality: An International Journal, 2010, 38 (9): 1287-1296.

[105] Duan J, Li C, Xu Y, et al. Transformational leadership and employee voice behavior: a Pygmalion mechanism [J]. Journal of Organizational Behavior, 2017, 38 (5): 650-670.

[106] Dulac T, Coyleshapiro J A, Henderson D J, et al. Not all responses to breach are the same: the interconnection of social exchange and psychological contract processes in organizations [J]. Academy of Management Journal, 2008, 51 (6): 1079-1098.

[107] Dulebohn J H, Bommer W H, Liden R C, et al. A meta-analysis of antecedents and consequences of leader-member exchange integrating the past with an eye toward the future [J]. Journal of Management, 2012, 38 (6): 1715-1759.

[108] Duncan W J. Humor in management: prospects for administrative practice and research [J]. Academy of Management Review, 1982, 7 (1): 136-142.

[109] Dutton J E, Ashford S J. Selling issues to top management [J]. Academy of Management Review, 1993, 18 (3): 397-428.

[110] Dutton J E, Ashford S J, Miner-Rubino L K. Red light, green light: making sense of the organizational context for issue selling [J]. Organization Science, 2002, 13 (4): 355-369.

[111] Dutton J E, Ashford S J, O'Neill R M, et al. Moves that matter: issue selling and organizational change [J]. Academy of Management Journal, 2001, 44 (4): 716-736.

[112] Dyne L V, Cummings L L, Parks J M. Extra-role behaviours: in pursuit of construct and definitional clarity (a bridge over muddied waters) [J]. Research in Organizational Behavior, 1995, 17: 215-285.

[113] Edmondson A. Psychological safety and learning behavior in work teams [J]. Administrative Science Quarterly, 1999, 44 (2): 350-383.

[114] Eisenberger R, Cotterell N, Marvel J. Reciprocation ideology [J]. Journal of Personality & Social Psychology, 1987, 53 (4): 743-750.

[115] Ellemers N, Gilder D D, Heuvel H V D. Career-oriented versus team-oriented commitment and behavior at work [J]. Journal of Applied Psychology, 1998, 83 (5): 717-730.

[116] Erdogan B, Liden R C. Social exchanges in the workplace: a review of recent developments and future research directions in leader-member exchange theory [M] //Neider L L, Schriesheim C A. Leadership. Greenwich, CT: Information Age, 2002: 65-114.

[117] Fabrizi M S, Pollio H R. A naturalistic study of humorous activity in a third, seventh, and eleventh grade classroom [J]. Merrill-Palmer Quarterly, 1987, 33 (1): 107-128.

[118] Fast N J, Burris E R, Bartel C A. Managing to stay in the dark: managerial self-efficacy, ego defensiveness, and the aversion to employee voice [J]. The Academy of Management Journal, 2014, 57 (4): 1013-1034.

[119] Feingold A, Mazzella R. Preliminary validation of a multidimensional model of wittiness [J]. Journal of Personality, 1993, 61 (3): 439–456.

[120] Feldman S, Downey G. Rejection sensitivity as a mediator of the impact of childhood exposure to family violence on adult attachment behavior [J] . Development and Psychopathology, 1994, 6 (1): 231–247.

[121] Ferris G R, Harrell–Cook G, Dulebohn J. Organizational politics: the nature of the relationship between politics perceptions and political behavior [M] //Bacharach S B, Lawler E J. Research in the sociology of organizations. Greenwich, CT: JAI, 2000: 89–130.

[122] Festinger L. A theory of cognitive dissonance [M] . Stanford, CA: Stanford University Press, 1957.

[123] Fischer F M. The application of the controllability principle and managers' responses: a role theory perspective [M] . Wiesbaden: Gabler, 2010.

[124] Foa U G, Foa E B. Resource theory: interpersonal behavior as exchange [M]//Gergen K J, Greenberg M S, Willis R H. Social exchange: advances in theory and research. New York: Plenum, 1980: 77–94.

[125] Folger R, Skarlicki D P. When tough times make tough bosses: managerial distancing as a function of layoff blame [J] . Academy of Management Journal, 1998, 41 (1): 79–87.

[126] Frazier M L, Fainshmidt S. Voice climate, work outcomes, and the mediating role of psychological empowerment [J] . Group & Organization Management, 2012, 37: 691–715.

[127] Frazier M L, Fainshmidt S, Klinger R L, et al. Psychological safety: a meta–analytic review and extension [J] . Personnel Psychology, 2017, 70 (1): 113–165.

[128] Frey F M, Cobb A T. What matters in social accounts? The roles of account specificity, source expertise, and outcome loss on acceptance [J] . Journal of Applied Social Psychology, 2010, 40 (5): 1203–1234.

[129] Fuller J B, Hester M K. Promoting felt responsibility for constructive change and proactive

behavior: exploring aspects of an elaborated model of work design [J] . Journal of Organizational Behavior, 2010, 27 (8): 1089–1120.

[130] Furst S A, Cable D M. Employee resistance to organizational change: managerial influence tactics and leader–member exchange [J] . Journal of Applied Psychology, 2008, 93 (2): 453–462.

[131] Gandz J, Murray V V. The experience of workplace politics [J] . Academy of Management Journal, 1980, 23 (2): 237–251.

[132] Gkorezis P, Hatzithomas L, Petridou E. The impact of leader's humor on employees' psychological empowerment: the moderating role of tenure [J] . Journal of Managerial Issues, 2011, 23 (1): 83–95.

[133] Gkorezis P, Petridou E, Xanthiakos P. Leader positive humor and organizational cynicism: LMX as a mediator [J] . Leadership & Organization Development Journal, 2014, 35 (4): 305–315.

[134] Glauser M J. Upward information flow in organizations: review and conceptual analysis [J] . Human Relations, 1984, 37 (8): 613–643.

[135] Goldstein J H. Theoretical notes on humor [J]. Journal of Communication, 1976, 26(3): 104–112.

[136] Goswami A, Nair P, Beehr T, et al. The relationship of leaders' humor and employees' work engagement mediated by positive emotions: moderating effect of leaders' transformational leadership style [J] . Leadership & Organization Development Journal, 2016, 37 (8): 1083–1099.

[137] Graen G B, Uhl–Bien M. Relationship–based approach to leadership: development of leader–member exchange (LMX) theory of leadership over 25 years: applying a multi–level multi–domain perspective [J] . Leadership Quarterly, 1995, 6 (2): 219–247.

[138] Graham E E, Papa M J, Brooks G P. Functions of humor in conversation: conceptualization and measurement [J] . Western Journal of Communication, 1992, 56 (2): 161–183.

[139] Grant A M. Rocking the boat but keeping it steady: the role of emotion regulation in

employee voice [J] . Academy of Management Journal, 2013, 56 (6): 1703–1723.

[140] Grant A M, Gino F, Hofmann D A. Reversing the extraverted leadership advantage: the role of employee proactivity [J] . Academy of Management Journal, 2011, 54 (3): 528–550.

[141] Grant A M, Parker S, Collins C. Getting credit for proactive behavior: supervisor reactions depend on what you value and how you feel [J] . Personnel Psychology, 2009, 62 (1): 31–55.

[142] Greenberg J. Employee theft as a reaction to underpayment inequity: the hidden cost of pay cuts [J] . Journal of Applied Psychology, 1990, 75 (5): 561–568.

[143] Greenberg J. Using socially fair treatment to promote acceptance of a work site smoking ban [J] . Journal of Applied Psychology, 1994, 79 (2): 288–297.

[144] Hagedoorn M, Yperen N W V, Vliert E V D, et al. Employees' reactions to problematic events: a circumplex structure of five categories of responses, and the role of job satisfaction [J] . Journal of Organizational Behavior, 1999, 20 (3): 309–321.

[145] Hampes W P. The relationship between humor and trust [J] . Humor – International Journal of Humor Research, 1999, 12 (3): 253–260.

[146] Harris K J, Andrews M C, Kacmar K M. The moderating effects of justice on the relationship between organizational politics and workplace attitudes [J] . Journal of Business and Psychology, 2007, 22 (2): 135–144.

[147] Hayes A F. Introduction to mediation, moderation, and conditional process analysis: a regression–based approach [M] . Guilford Publications, 2017.

[148] Hirschman A O. Exit, voice, and loyalty: responses to decline in firms, organizations, and states [M] . Cambridge, MA: Harvard University Press, 1970.

[149] Hochwarter W A, Witt L A, Kacmar K M. Perceptions of organizational politics as a moderator of the relationship between consciousness and job performance [J] . Journal of Applied Psychology, 2000, 85 (3): 472–478.

[150] Holland P, Pyman A, Cooper B K, et al. Employee voice and job satisfaction in Australia:

the centrality of direct voice [J] . Human Resource Management, 2011, 50 (1): 95–111.

[151] Holmes J, Marra M. Humor and leadership style [J] . Humor, 2006, 19 (2): 119–138.

[152] Holtz B C, Harold C M. When your boss says no! The effects of leadership style and trust on employee reactions to managerial explanations [J] . Journal of Occupational and Organizational Psychology, 2008, 81 (4): 777–802.

[153] Hu L, Bentler P M. Cutoff criteria for fit indexes in covariance structure analysis: conventional criteria versus new alternatives [J] . Structural Equation Modeling, 1999, 6 (1): 1–55.

[154] Huang X, Vliert E V D, Vegt G V D. Breaking the silence culture: stimulation of participation and employee opinion withholding cross–nationally [J] . Management & Organization Review, 2005, 1 (3): 459–482.

[155] Hughes L W, Avey J B. Transforming with levity: humor, leadership, and follower attitudes [J] . Leadership & Organization Development Journal, 2013, 30 (5): 540–562.

[156] Hsiung H H. Authentic leadership and employee voice behavior: a multi–level psychological process [J] . Journal of Business Ethics, 2012, 107 (3): 349–361.

[157] Isaakyan S, Sherf E N, Tangirala S, et al. Keeping it between us: managerial endorsement of public versus private voice [J] . Journal of Applied Psychology, 2020, 106 (7) .

[158] Janes L M, Olson J M. Jeer pressure: the behavioral effects of observing ridicule of others [J]. Personality and Social Psychology Bulletin, 2000, 26 (4): 474–485.

[159] Janssen O, Gao L. Supervisory responsiveness and employee self–perceived status and voice behavior [J] . Journal of Management, 2015, 41 (7): 1854–1872.

[160] Janssen O, Vries T D, Cozijnsen A J. Voicing by adapting and innovating employees: an empirical study on how personality and environment interact to affect voice behavior [J] . Human Relations, 1998, 51 (7): 945–967.

[161] Johns G. Reflections on the 2016 decade award: incorporating context in organizational research [J] . Academy of Management Review, 2017, 42 (4): 577–595.

[162] Johnson R E, Chang C H, Yang L Q. Commitment and motivation at work: the relevance

of employee identity and regulatory focus [J]. Academy of Management Review, 2010, 35 (2): 226–245.

[163] Joseph J, Gaba V. Organizational structure, information processing, and decision–making: a retrospective and road map for research [J]. Academy of Management Annals, 2020, 14 (1): 267–302.

[164] Kacmar K M, Bachrach D G, Harris K J, et al. Fostering good citizenship through ethical leadership: exploring the moderating role of gender and organizational politics [J]. Journal of Applied Psychology, 2011, 96 (3): 633–642.

[165] Kacmar K M, Baron R A. Organizational politics: the state of the field, links to related processes, and an agenda for future research [M] //Ferris G R.Research in personnel and human resources management. Stamford, CT: JAI Press, 1999: 1–39.

[166] Kacmar K M, Carlson D S. Further validation of the perceptions of politics scale (pops): a multiple sample investigation [J]. Journal of Management, 1997, 23 (5): 627–658.

[167] Kim H S. Examining the role of informational justice in the wake of downsizing from an organizational relationship management perspective [J]. Journal of Business Ethics, 2009, 88 (2): 297–312.

[168] Kim J, MacDuffie J P, Pil F K. Employee voice and organizational performance: team versus representative influence [J]. Human Relations, 2010, 63 (3): 371–394.

[169] Kim T Y, Lee D R, Wong N Y S. Supervisor humor and employee outcomes: the role of social distance and affective trust in supervisor [J]. Journal of Business and Psychology, 2016, 31 (1): 125–139.

[170] King D D, Ryan A M, Dyne L V. Voice resilience: fostering future voice after non–endorsement of suggestions [J]. Journal of Occupational and Organizational Psychology, 2019, 92 (1): 535–565.

[171] Kish–Gephart J J, Detert J R, Trevino L K, et al. Silenced by fear: the nature, sources, and consequences of fear at work [J]. Research in Organizational Behavior, 2009, 29: 163–193.

[172] Klaas B S, Olson–Buchanan J B, Ward A K. The determinants of alternative forms of workplace voice: an integrative perspective [J]. Journal of Management, 2011, 38 (1): 314–345.

[173] Klein H J, Molloy J C, Brinsfield C T. Reconceptualizing workplace commitment to redress a stretched construct: revisiting assumptions and removing confounds [J]. Academy of Management Review, 2012, 37 (1): 130–151.

[174] Knoll M, Redman T. Does the presence of voice imply the absence of silence? The necessity to consider employees' affective attachment and job engagement [J]. Human Resource Management, 2016, 55 (5): 829–844.

[175] Kuiper N A, Martin R A, Olinger L J. Coping humour, stress, and cognitive appraisals [J]. Canadian Journal of Behavioural Science, 1993, 25 (1): 81–96.

[176] Lam C F, Rees L, Levesque L L, et al. Shooting from the hip: a habit perspective of voice [J]. Academy of Management Review, 2018, 43 (3): 470–486.

[177] Lang J, Bliese P D, Lang J W, et al. Work gets unfair for the depressed: cross–lagged relations between organizational justice perceptions and depressive symptoms [J]. Journal of Applied Psychology, 2011, 96 (3): 602–618.

[178] Lavelle J J, Rupp D E, Brockner J. Taking a multifoci approach to the study of justice, social exchange, and citizenship behavior: the target similarity model [J]. Journal of Management, 2007, 33 (6): 841–866.

[179] Lee A, Thomas G, Martin R, et al. Leader–member exchange (LMX) ambivalence and task performance: the cross–domain buffering role of social support [J]. Journal of Management, 2019, 45 (5): 1927–1957.

[180] Lefcourt H M, Martin R A. Humor and life stress: antidote, to adversity [M]. New York: Springer, 1986.

[181] LePine J A, Van Dyne L. Predicting voice behavior in work groups [J]. Journal of Applied Psychology, 1998, 83 (6): 853–868.

[182] LePine J A, Van Dyne L. Voice and cooperative behavior as contrasting forms of contextual

performance: evidence of differential relationships with big five personality characteristics and cognitive ability [J]. Journal of Applied Psychology, 2001, 86 (2): 326–336.

[183] Li C, Liang J, Farh J L. Speaking up when water is Murky: an uncertainty–based model linking perceived organizational politics to employee voice [J]. Journal of Management, 2020, 46 (3): 443–469.

[184] Li N, Liang J, Crant J M. The role of proactive personality in job satisfaction and organizational citizenship behavior: a relational perspective [J]. Journal of Applied Psychology, 2010, 95 (2): 395–404.

[185] Liu W, Tangirala S, Lam W, et al. How and when peers' positive mood influences employees' voice [J]. Journal of Applied Psychology, 2014, 100 (3): 976–989.

[186] Lian H, Ferris D L, Brown D J. Does taking the good with the bad make things worse? How abusive supervision and leader–member exchange interact to impact need satisfaction and organizational deviance [J]. Organizational Behavior & Human Decision Processes, 2012, 117 (1): 41–52.

[187] Liang J, Farh C I C, Farh J L. Psychological antecedents of promotive and prohibitive voice: a two–wave examination [J]. Academy of Management Journal, 2012, 55 (1): 71–92.

[188] Liao Z, Liu W, Li X, et al. Give and take: an episodic perspective on leader–member exchange [J]. Journal of Applied Psychology, 2019, 104 (1): 34–51.

[189] Lin S H, Johnson R E. A suggestion to improve a day keeps your depletion away: examining promotive and prohibitive voice behaviors within a regulatory focus and ego depletion framework [J]. Journal of Applied Psychology, 2015, 100 (5): 1381–1397.

[190] Lind E A, Bos K V D. When fairness works: toward a general theory of uncertainty management [J]. Research in Organizational Behavior, 2002, 24 (2): 181–223.

[191] Liu W, Song Z, Li X, et al. Why and when leader's affective states influence employee upward voice [J]. The Academy of Management Journal, 2017, 60 (1): 238–263.

[192] Liu W, Tangirala S, Lam W, et al. How and when peers' positive mood influences employees' voice [J]. Journal of Applied Psychology, 2015, 100 (3): 976–989.

[193] Liu W, Zhu R, Yang Y. I warn you because I like you: voice behavior, employee identifications, and transformational leadership [J]. The Leadership Quarterly, 2010, 21 (1): 189-202.

[194] Loi R, Yang J, Diefendorff J M. Four-factor justice and daily job satisfaction: a multilevel investigation [J]. Journal of Applied Psychology, 2009, 94 (3): 770-781.

[195] MacKenzie S B, Podsakoff P M, Podsakoff N P. Challenge-oriented organizational citizenship behaviors and organizational effectiveness: do challenge-oriented behaviors really have an impact on the organization' s bottom line? [J]. Personnel Psychology, 2011, 64 (3): 559-592.

[196] MacNeil I R. Relational contract: what we do and do not know [J]. Wisconsin Law Review, 1985 (4): 483-526.

[197] Madrid H P, Patterson M G, Leiva P I. Negative core affect and employee silence: how differences in activation, cognitive rumination, and problem-solving demands matter [J]. Journal of Applied Psychology, 2015, 100 (6): 1887-1898.

[198] Mainemelis C. Stealing fire: creative deviance in the evolution of new ideas [J]. Academy of Management Review, 2010, 35 (4): 558-578.

[199] Manz C C, Sims H P. Vicarious learning: the influence of modeling on organizational behavior [J]. Academy of Management Review, 1981, 6 (1): 105-113.

[200] Martin R A, Lefcourt H M. Sense of humor as a moderator of the relation between stressors and moods [J]. Journal of Personality & Social Psychology, 1983, 45 (6): 1313-1324.

[201] Martin R A, Puhlik-Doris P, Larsen G, et al. Individual differences in uses of humor and their relation to psychological well-being: development of the humor styles questionnaire [J]. Journal of Research in Personality, 2003, 37 (1): 48-75.

[202] Martineau W H. A model of the social functions of humor [M] // Goldstein J H, Mcghee P E. The psychology of humor: theoretical perspectives and empirical issues. New York: Academic Press, 1972: 101-125.

[203] Mathieu J E, Hollenbeck J R, Van Knippenberg D, et al. A century of work teams in the

Journal of Applied Psychology [J] . Journal of Applied Psychology, 2017, 102 (3): 452-467.

[204] May D R, Gilson R L, Harter L M. The psychological conditions of meaningfulness, safety and availability and the engagement of the human spirit at work [J] . Journal of Occupational and Organizational Psychology, 2004, 77 (1): 11-37.

[205] Maynes T D, Podsakoff P M. Speaking more broadly: an examination of the nature, antecedents, and consequences of an expanded set of employee voice behaviors [J] . Journal of Applied Psychology, 2014, 99 (1): 87-112.

[206] McCarthy J M, Trougakos J P, Cheng B H. Are anxious workers less productive workers? It depends on the quality of social exchange [J] . Journal of Applied Psychology, 2016, 101 (2): 279-291.

[207] McClean E J, Burris E R, Detert J R. When does voice lead to exit? It depends on leadership [J] . Academy of Management Journal, 2013, 56 (2): 525-548.

[208] McClean E, Martin S R, Emich K, et al. The social consequences of voice: an examination of voice type and gender on status and subsequent leader emergence [J] . Academy of Management Journal, 2017, 61 (5): 1869-1891.

[209] Mesmer-Magnus J, Glew D J, Viswesvaran C. A meta-analysis of positive humor in the workplace [J] . Journal of Managerial Psychology, 2012, 27 (2): 155-190.

[210] Meyer J C. Humor as a double-edged sword: four functions of humor in communication [J]. Communication Theory, 2020, 10 (3): 310-331.

[211] Meyer J P, Allen N J. A three-component conceptualization of organizational commitment [J] . Human Resource Management Review, 1991, 1 (1): 61-89.

[212] Meyer J P, Allen N J, Smith C A. Commitment to organizations and occupations: extension and test of a three-component conceptualization [J] . Journal of Applied Psychology, 1993, 78 (4): 538-551.

[213] Meyer J P, Herscovitch L. Commitment in the workplace: toward a general model [J] . Human Resource Management Review, 2001, 11 (3): 299-326.

[214] Miceli M P, Near J P, Dworkin T M. Whistleblowing in organizations [M]. New York: Routledge, 2008.

[215] Mintzberg H. Power in and around organizations [M]. Englewood Cliffs, NJ: Prentice Hall, 1983.

[216] Mischel W. The interaction of person and situation [M] //Magnusson D, Endler N S. Personality at the crossroads: current issues in interactional psychology. Hillsdale, New Jersey: Lawrence Erlbaum Associates, 1977: 333–352.

[217] Mitchell M S, Cropanzano R, Quisenberry D. Social exchange theory, exchange resources and interpersonal relationships: modest resolution of theoretical difficulties [M] // Tornblom K, Kazemi A. Handbook of social resource theory: theoretical extensions, empirical insights, and social applications. New York, NY: Springer, 2012: 99–118.

[218] Milliken F J, Morrison E W, Hewlin P F. An exploratory study of employee silence: issues that employees don't communicate upward and why [J]. Journal of Management Studies, 2003, 40 (6): 1453–1476.

[219] Morrison E W. Role definitions and organizational citizenship behavior: the importance of the employee's perspective [J]. Academy of Management Journal, 1994, 37 (6): 1543–1567.

[220] Morrison E W. Employee voice behavior: integration and directions for future research [J]. Academy of Management annals, 2011, 5 (1): 373–412.

[221] Morrison E W. Employee voice and silence [J]. Annual Review of Organizational Psychology and Organizational Behavior, 2014, 1 (1): 173–197.

[222] Morrison E W, Milliken F J. Organizational silence: a barrier to change and development in a pluralistic world [J]. Academy of Management Review, 2000, 25 (4): 706–725.

[223] Morrison E W, Wheeler–Smith S L, Kamdar D. Speaking up in groups: a cross–level study of group voice climate and voice [J]. Journal of Applied Psychology, 2011, 96 (1): 183–191.

[224] Morrison E W, See K E, Pan C. An approach–inhibition model of employee silence: the joint effects of personal sense of power and target openness [J]. Personnel Psychology,

2015, 68 (3): 547–580.

[225] Mowday R T, Steers R M, Porter L W. The measurement of organizational commitment [J]. Journal of Vocational Behavior, 1979, 14 (2): 224–247.

[226] Ng T, Feldman D. Affective organizational commitment and citizenship behavior: linear and non–linear moderating effects of organizational tenure [J]. Journal of Vocational Behavior, 2011, 79 (2): 528–537.

[227] Ng T, Feldman D. Employee voice behavior: a meta–analytic test of the conservation of resources framework [J]. Journal of Organizational Behavior, 2012, 33 (2): 216–234.

[228] Organ D W. The motivational basis of organizational citizenship behavior [M] //Staw B M, Cummings L L. Research in organizational behavior, vol. 12. Greenwich, CT: JAI Press, 1990: 43–72.

[229] Paolacci G, Chandler J, Ipeirotis P G. Running experiments on amazon mechanical turk [J]. Judgment and Decision Making, 2010, 5 (5): 411–419.

[230] Parker L E. When to fix it and when to leave: relationships among perceived control, self–efficacy, dissent, and exit [J]. Journal of Applied Psychology, 1993, 78 (6): 949–959.

[231] Patient D, Skarlicki D P. Increasing interpersonal and informational justice when communicating negative news: the role of the manager's empathic concern and moral development [J]. Journal of Management, 2010, 36 (2): 555–578.

[232] Perlow, L A, Repenning N P. The dynamics of silencing conflict [J]. Research in Organizational Behavior, 2009, 29 (1): 195–223.

[233] Pinder C C, Harlos K P. Employee silence: quiescence and acquiescence as responses to perceived injustice [J]. Research in Personnel and Human Resources Management, 2001, 20: 331–369.

[234] Podsakoff P M, MacKenzie S B, Lee J Y, et al. Common method biases in behavioral research: a critical review of the literature and recommended remedies [J]. Journal of Applied Psychology, 2003, 88 (5): 879–903.

[235] Pratt M G, Pradies C. Just a good place to visit? Exploring positive responses to ambivalence

[M] //Cameron K, Spreitzer G. Handbook of positive organizational scholarship. New York, NY: Oxford University Press, 2011: 924–937.

[236] Premeaux S F, Bedeian A G. Breaking the silence: the moderating effects of self-monitoring in predicting speaking up in the workplace [J]. Journal of Management Studies, 2003, 40 (6): 1537–1562.

[237] Pundt A, Venz L. Personal need for structure as a boundary condition for humor in leadership [J]. Journal of Organizational Behavior, 2017, 38 (1): 87–107.

[238] Qi Y, Ming–Xia L. Ethical leadership, organizational identification and employee voice: examining moderated mediation process in the Chinese insurance industry [J]. Asia Pacific Business Review, 2014, 20 (2): 231–248

[239] Reichers A E. A review and reconceptualization of organizational commitment [J]. Academy of Management Review, 1985, 10 (3): 465–476.

[240] Richter M, Konig C J, Geiger M, et al. "Just a little respect": effects of a layoff agent's actions on employees' reactions to a dismissal notification meeting [J]. Journal of Business Ethics, 2018, 153 (3): 741–761.

[241] Riketta M, Van Dick R. Foci of attachment in organizations: a meta–analytic comparison of the strength and correlates of workgroup versus organizational identification and commitment [J]. Journal of Vocational Behavior, 2005, 67 (3): 490–510.

[242] Robert C, Wilbanks J E. The wheel model of humor: humor events and affect in organizations [J]. Human Relations, 2012, 65 (9): 1071–1099.

[243] Romero E J, Cruthirds K W. The use of humor in the workplace [J]. Academy of Management Perspectives, 2006, 20 (2): 58–69.

[244] Ruch W. The sense of humor: explorations of a personality characteristic [M]. New York: Mouton de Gruyter, 1998.

[245] Ruch W, Hehl F–J. A two–mode model of humor appreciation: its relation to aesthetic appreciation and simplicity–complexity of personality [M] //Ruch W.The sense of humor: explorations of personality characteristic. New York: Mouton de Gruyter, 1998: 109–142.

[246] Rothman N B, Pratt M G, Rees L, et al. Understanding the dual nature of ambivalence: why and when ambivalence leads to good and bad outcomes [J]. The Academy of Management Annals, 2017, 11 (1): 33–72.

[247] Salancik G R, Pfeffer J. A social information processing approach to job attitudes and task design [J]. Administrative Science Quarterly, 1978, 23 (2): 224–253.

[248] Seibert S E, Kraimer M L, Crant J M. What do proactive people do? A longitudinal model linking proactive personality and career success [J]. Personnel Psychology, 2010, 54 (4): 845–874.

[249] Sewpersadh N S. Disruptive business value models in the digital era [J]. Journal of Innovation and Entrepreneurship, 2023, 12 (1): 2.

[250] Shapiro D L, Buttner E H, Barry B. Explanations: what factors enhance their perceived adequacy [J]. Organizational Behavior and Human Decision Processes, 1994, 58 (3): 346–368.

[251] Shaw J C, Wild E, Colquitt J A. To justify or excuse? A meta–analytic review of the effects of explanations [J]. Journal of Applied Psychology, 2003, 88 (3): 444–458.

[252] Sherf E N, Parke M R, Isaakyan S. Distinguishing voice and silence at work: unique relationships with perceived impact, psychological safety, and burnout [J]. The Academy of Management Journal, 2021, 64 (1): 114 - 148.

[253] Sparrowe R T, Soetjipto B W, Kraimer M L. Do leaders' influence tactics relate to members' helping behavior? It depends on the quality of the relationship [J]. Academy of Management Journal, 2006, 49 (6): 1194–1208.

[254] Stewart G L, Astrove S L, Reeves C J, et al. Those with the most find it hardest to share: exploring leader resistance to the implementation of team–based empowerment [J]. The Academy of Management Journal, 2017, 60 (6): 2266–2293.

[255] Tajfel H, Turner J C. The social identity theory of intergroup behaviour [M] //Worchel S, Austin W G. Psychology of intergroup relations. Chicago: Nelson–Hall, 1985: 7–24.

[256] Tang Y T. The relationship between use of humor by leaders and R&D employee innovative

behavior: evidence from Taiwan [J]. Asia Pacific Management Review, 2008, 13 (3): 635-653.

[257] Tangirala S, Kamdar D, Venkataramani V, et al. Doing right versus getting ahead: the effects of duty and achievement orientations on employees' voice [J]. Journal of Applied Psychology, 2013, 98 (6): 1040-1050.

[258] Tangirala S, Ramanujam R. Exploring nonlinearity in employee voice: the effects of personal control and organizational identification [J]. Academy of Management Journal, 2008a, 51 (6): 1189-1203.

[259] Tangirala S, Ramanujam R. Employee silence on critical work issues: the cross level effects of procedural justice climate [J]. Personnel Psychology, 2008b, 61 (1): 37-68.

[260] Tangirala S, Ramanujam R. Ask and you shall hear (but not always): examining the relationship between manager consultation and employee voice [J]. Personnel Psychology, 2012, 65 (2): 251-282.

[261] Tepper B J, Duffy M K, Hoobler J, et al. Moderators of the relationships between coworkers' organizational citizenship behavior and fellow employees' attitudes [J]. Journal of Applied Psychology, 2004, 89 (3): 455-465.

[262] Thomas J P, Whitman D S, Viswesvaran C. Employee proactivity in organizations: a comparative meta-analysis of emergent proactive constructs [J]. Journal of Occupational and Organizational Psychology, 2010, 83 (2): 275-300.

[263] Tost L P, Gino F, Larrick R P. Power, competitiveness, and advice taking: why the powerful don't listen [J]. Organizational behavior and human decision processes, 2012, 117 (1): 53-65.

[264] Tyler T, Degoey P, Smith H. Understanding why the justice of group procedures matters: a test of the psychological dynamics of the group-value model [J]. Journal of Personality & Social Psychology, 1996, 70 (5): 913-930.

[265] Uhl-Bien M, Maslyn J M. Reciprocity in manager-subordinate relationships: components, configurations, and outcomes [J]. Journal of Management, 2003, 29 (4): 511-532.

[266] Walumbwa F O, Schaubroeck J. Leader personality traits and employee voice behavior: mediating roles of ethical leadership and work group psychological safety [J]. Journal of Applied Psychology, 2009, 94 (5): 1275–1286.

[267] Wanda J S, Vernard K H, Christopher P N. Resolving conflict with humor in a diversity context [J]. Journal of Managerial Psychology, 2000, 15 (6): 606–621.

[268] Wang Q, Weng Q, McElroy J C, et al. Organizational career growth and subsequent voice behavior: the role of affective commitment and gender [J]. Journal of Vocational Behavior, 2014, 84 (3): 431–441.

[269] Whiting S W, Podsakoff P M, Pierce J R. Effects of task performance, helping, voice, and organizational loyalty on performance appraisal ratings [J]. Journal of Applied Psychology, 2008, 93 (1): 125–139.

[270] Whiting S W, Maynes T D, Podsakoff N P, et al. Effects of message, source, and context on evaluations of employee voice behavior [J]. Journal of Applied Psychology, 2012, 97(1): 159–182.

[271] Wombacher J C, Felfe J. Dual commitment in the organization: effects of the interplay of team and organizational commitment on employee citizenship behavior, efficacy beliefs, and turnover intentions [J]. Journal of Vocational Behavior, 2017, 102: 1–14.

[272] Vandenberghe C, Basak Ok A. Career commitment, proactive personality, and work outcomes: a cross–lagged study [J]. Career Development International, 2013, 18 (7): 652–672.

[273] Vandenberg R J, Lance C E. A review and synthesis of the measurement invariance literature: suggestions, practices, and recommendations for organizational research [J]. Organizational Research Methods, 2000, 5 (1): 139–158.

[274] Van Dyne L, Ang S, Botero I C. Conceptualizing employee silence and employee voice as multidimensional constructs [J]. Journal of Management Studies, 2003, 40 (6): 1359–1392.

[275] Van Dyne L, LePine J A. Helping and voice extra–role behavior: evidence of construct and

predictive validity [J]. Academy of Management Journal, 1998, 41 (1): 108–119.

[276] Veatch T C. A theory of humor [J]. Humor – International Journal of Humor Research, 1998, 11 (2): 161–216.

[277] Vecchio R P, Pearce J C L. The influence of leader humor on relationships between leader behavior and follower outcomes [J]. Journal of Managerial Issues, 2009, 21 (2): 171–194.

[278] Venkataramani V, Tangirala S. When and why do central employees speak up? An examination of mediating and moderating variables [J]. Journal of Applied Psychology, 2010, 95 (3): 582–591.

[279] Weiss M, Morrison E W. Speaking up and moving up: how voice can enhance employees' social status [J]. Journal of Organizational Behavior, 2019, 40 (1): 5–19.

[280] Xu A J, Loi R, Lam L W. The bad boss takes it all: how abusive supervision and leader–member exchange interact to influence employee silence [J]. Leadership Quarterly, 2015, 26 (5): 763–774.

[281] Yam K C, Christian M S, Wei W, et al. The mixed blessing of leader sense of humor: examining costs and benefits [J]. Academy of Management Journal, 2018, 61 (1): 348–369.

[282] Ye D, Liu M J, Luo J, et al. How to achieve swift resilience: the role of digital innovation enabled mindfulness [J]. Information Systems Frontiers, 2024, 26 (2): 551–573.

[283] Zhang Y, Huai M Y, Xie Y H. Paternalistic leadership and employee voice in China: a dual process model [J]. The Leadership Quarterly, 2015, 26 (1): 25–36.

[284] Zhao H. Relative leader–member exchange and employee voice mediating role of affective commitment and moderating role of Chinese traditionality [J]. Chinese Management Studies, 2014, 8 (1): 27–40.

[285] Borges A F, Laurindo F J, Spínola M M, et al. The strategic use of artificial intelligence in the digital era: systematic literature review and future research directions [J]. International Journal of Information Management, 2021, 57: 102225.

[286] Holland P, Cooper B, Hecker R. Social media at work: a new form of employee voice?

[M] //Holland P, Teicher J, Donaghey J D. Employee voice at work. Singapore: Springer, 2019: 73-89.

[287] Kremer M, Janneck M. Kommunikation und kooperation in virtuellen teams [J]. Gruppendynamik & Organisation, 2013, 44 (4): 361-371.

[288] Zhou J, Cen W. Design and application research of a digital human resource management platform based on ChatGPT [J]. Journal of Theory and Practice of Social Science, 2023, 3 (7): 49-57.

[289] Kim H, Leach R. The role of digitally-enabled employee voice in fostering positive change and affective commitment in centralized organizations [J]. Communication Monographs, 2020, 87 (4): 425-444.

[290] Calabrese A, D'Uffizi A, Ghiron N L, et al. Design and development of a digital diagnostic clinical pathway: evidence from an action research study [J]. European Journal of Innovation Management, 2024, 27 (9): 94-126.

[291] Renjith R. The effect of information overload in digital media news content [J]. Communication and Media Studies, 2017, 6 (1): 73-85.

[292] Holland P, Cooper B K, Hecker R. Use of social media at work: a new form of employee voice? [J]. The International Journal of Human Resource Management, 2016, 27 (21): 2621-2634.

[293] Suh K S. Impact of communication medium on task performance and satisfaction: an examination of media-richness theory [J]. Information & Management, 1999, 35 (5): 295-312.

[294] Maheshwari S K, Yadav J. Leadership in the digital age: emerging paradigms and challenges [J]. International Journal of Business and Globalisation, 2020, 26 (3): 220-238.

[295] Wang L, Chen X P, Yin J. Leading via virtual communication: a longitudinal field experiment on work team creativity in an extreme context [J]. Asia Pacific Journal of Management, 2024, 41 (1): 195-231.

[296] Yus F. Pragmatics of internet humour [M]. Berlin: Springer Nature, 2023.

附　录

附录 A　子研究一问卷调查

尊敬的先生 / 女士：

您好！非常感谢您抽出宝贵的时间参与此次调查，这是一份有关工作中的主动行为的学术研究问卷。本次调研所获得的全部资料仅用于学术研究，问卷内容已避免涉及商业机密和个人隐私，请您放心填写。本问卷的填写大约仅占用您 10 分钟的时间，您的参与将对本研究的开展具有十分重要的意义！填答没有对错之分，您只需按照实际情况填写即可。再次感谢您的支持与配合。

您目前所在的企业正在经历数字化转型，或者已经完成数字化转型了吗？

○是　　○否

一、基本信息

1. 您的性别是：

○男　　○女

2. 您的年龄是：

○ 25 岁及以下

○ 26~30 岁

○ 31~40 岁

○ 41~50 岁

○ 51~60 岁

○ 61 岁及以上

3. 您的受教育程度是：

○中专及以下

○大专

○大学本科

○硕士（含 MBA/EMBA/MPA）

○博士（博士后）

4. 您的工作性质是：（单选题）

○全职

○兼职

5. 您所在的部门是：（单选题）

○生产 / 运营部门

○销售 / 市场部门

○金融 / 会计部门

○人力资源部门

○研发部门

○法务部门

○ IT 部门

○行政支持部门

○其他 ________________

6. 您的职业类型是：（单选题）

○行政或行政人员（例如秘书、店员……）

○专业技术人员（例如老师、护士、普通雇员……）

○非熟练工人（例如机器操作员……）

○熟练工人（例如电工、机修工、理发师……）

○中层管理人员（例如办公室经理、工程师……）

○国家机关、党群组织、企业、事业单位负责人

○自我雇佣（例如创业者、自由职业者）

○其他 ________________

7. 您所在公司所属的行业类别是：（单选题）

○金融行业

○租赁和商业服务行业

○信息软件行业

○电子工程行业

○生物医药行业

○建筑行业

○能源化工行业

○制造行业

○其他 ________________

8. 您参加工作的年数是：

○ 3 年及以下

○ 3~5 年（含 5 年）

○ 5~10 年（含 10 年）

○ 10~20 年（含 20 年）

○ 20 年以上

9. 您在现在单位的工作年数是：

○ 3 年及以下

○ 3~5 年（含 5 年）

○ 5~10 年（含 10 年）

○ 10~20 年（含 20 年）

○ 20 年以上

10. 您从事当前职业的工作年数是：

○ 3 年及以下

○ 3~5 年（含 5 年）

○ 5~10 年（含 10 年）

○ 10~20 年（含 20 年）

○ 20 年以上

11. 您所在公司的规模是：

○ 100 人及以下

○ 101~500 人

○ 501~2000 人

○ 2001~5000 人

○ 5001 人及以上

12. 您现在的职级是：（单选题）

○普通员工

○基层管理者

○中层管理者

○高层管理者

○其他 ________________

13. 您所在组织的类型是：（单选题）

○国有企业

○民营企业

○外商独资企业

○合资企业

○事业单位

○其他 ________________

二、请根据自己的实际情况，回答以下问题（单选题，7 级评分，请选择一个最合适的分值，在题项后的方框内打“√”）

请选择您在多大程度上同意或不同意下面的陈述	强烈不同意	不同意	略不同意	不能判断	略为同意	同意	非常同意
	1	2	3	4	5	6	7
1. 我的职业生涯是我生命中最重要的事情之一							
2. 我经常思考如何才能在工作中取得进步							
3. 我的人生理想主要与我的职业生涯有关							
4. 职业生涯在我的人生中处于核心地位							
5. 我应该有一个成功的职业生涯							

请选择您在多大程度上同意或不同意下面的陈述	强烈不同意	不同意	略不同意	不能判断	略为同意	同意	非常同意
	1	2	3	4	5	6	7
1. 为了使我的工作团队受益，我愿意做额外的琐事							
2. 我在工作团队中感到自在							
3. 我努力为我的工作团队营造良好的氛围							
4. 工作团队的目标指导着我的工作							
5. 我通常会帮忙组织团队活动							

请选择您在多大程度上同意或不同意下面的陈述	强烈不同意	不同意	略不同意	不能判断	略为同意	同意	非常同意
	1	2	3	4	5	6	7
1. 我为加入这个公司而感到自豪							
2. 我在情感上依附于这个公司							
3. 我很乐意在这个公司里度过我余下的职业生涯							
4. 在这个公司里，我有自己是大家庭中一分子的感觉							

请选择您在多大程度上同意或不同意下面的陈述	强烈不同意	不同意	略不同意	不能判断	略为同意	同意	非常同意
	1	2	3	4	5	6	7
1. 在我所在的公司，有成员试图通过诋毁别人而成就自己							
2. 公司内一直存在一个未曾有人超越的有影响力的群体							
3. 在我所在的公司，告诉别人他们想要听的有时比说实话要更好							
4. 在我所在的公司，与有权力的人保持意见一致是最好的选择							
5. 在我所在的公司，规定的薪酬和晋升政策与实际加薪和晋升无关							

请选择您在多大程度上同意或不同意下面的陈述	强烈不同意	不同意	略不同意	不能判断	略为同意	同意	非常同意
	1	2	3	4	5	6	7
1. 我有一些开发新产品或服务的想法，但我并没有说出来							
2. 在讨论妨碍绩效提升的日常工作活动的团队会议上，我选择保持沉默，未发表意见							

续表

请选择您在多大程度上同意或不同意下面的陈述	强烈不同意	不同意	略不同意	不能判断	略为同意	同意	非常同意
	1	2	3	4	5	6	7
3. 我注意到公司管理者和下属的互动方式不合理，这会造成一定的困难，但我并没有提出来							
4. 当我有可以提升客户 / 利益相关者体验的想法的时候，我并没有提出来							
5. 我有可以提高公司工作效率的想法或建议，但我并没有提出来							

请选择您在多大程度上认为下列行为是自己的工作职责之一	绝对不是我的工作职责	不属于我的工作职责	可能不属于我的工作职责	不能判断	可能属于我的工作职责	属于我的工作职责	绝对是我的工作职责
	1	2	3	4	5	6	7
1. 发现影响团队工作效率的问题并对此提出建议							
2. 不仅自己对影响团队工作效率的问题提出建议，而且鼓励同事参与其中							
3. 即使有不同甚至反对的意见，也会跟同事交流自己有关工作的不同看法							
4. 我会主动分享那些我认为可能对团队有帮助的想法							
5. 参与到会影响团队工作质量的讨论中							
6. 在团队中对工作流程的新方案或者改革提出自己的想法							

附录 B　子研究二情境实验

尊敬的先生 / 女士：

您好！非常感谢您抽出宝贵的时间参与此次调查，这是情境实验，请按照要求进行角色扮演，并选择您在该情境中的真实感受。本次调研所获得的全部资料仅用于学术研究，问卷内容已避免涉及商业机密和个人隐私，请您放心填写。本问卷的填写大约仅占用您 10 分钟的时间，您的参与将对本研究的开展具有十分重要的意义。填答没有对错之分，您只需按照实际情况填写即可。再次感谢您的支持与配合。

您目前所在的企业正在经历数字化转型，或者已经完成数字化转型了吗？

○是　　○否

一、基本信息

1. 您的性别是：

○男　　○女

2. 您的年龄是：______________

3. 您的受教育程度是：

○中专及以下

○大专

○大学本科

○硕士（含 MBA/EMBA/MPA）

○博士（博士后）

4. 您的工作性质是：（单选题）

○全职

○兼职

5. 您的全职工作经验有多少年：______________

6. 您现在的职级是：（单选题）

○普通员工

○基层管理者

○中层管理者

○高层管理者

○其他 ____________________________

二、在这一部分，请想象你在以下公司工作

美御营销策划公司是一家主要服务国内的有影响力的品牌营销机构，其使命是通过品牌开发、推广和公关服务，为不同类型的企业提供一流的宣传和营销方案。公司的核心竞争力是为客户提供定制的营销计划和宣传材料。假设你已经在美御营销策划公司担任了 3 年的营销顾问。在日常工作中，你的上级是王经理，他已经在美御营销策划公司工作了 10 年。

假设你喜欢同王经理一起工作，他能清晰地告知你工作中需要做什么以及如何做。为了完成工作任务，他通常会给你提供高质量的解决方案，并给你足够的时间。你相信遇到任何冲突，王经理都会站出来为你辩护。作为交换，你愿意做很多超出工作职责范围的事情。（高质量的领导成员交换关系）

假设你不喜欢同王经理一起工作，他无法清晰地告知你工作中需要做什么以及如何做。在完成工作任务的过程中，他通常无法给你提供高质量的解决方案，并常常没有给你足够的时间。你很难相信一旦遇到冲突，王经理会站出来为你辩护。考虑到这些，你不会做超出工作职责范围的事情。（低质量的领导成员交换关系）

以下是有关您和您的经理的关系的描述，请选择您在多大程度上同意或不同意下面的陈述	强烈不同意	不同意	略不同意	不能判断	略为同意	同意	非常同意
	1	2	3	4	5	6	7
1. 我和王经理有很好的工作关系							
2. 我总是知道王经理对我工作的满意程度							
3. 王经理会运用他的权力来帮助我解决工作上的问题							
4. 王经理了解我的工作问题和需求							
5. 王经理很清楚我的潜力							
6. 如果我犯了无心之失，王经理会为我辩护							
7. 同王经理一起工作非常开心							

你们公司最近接到一个客户的营销需求，具体如下。

美御营销策划公司——客户需求

客户：蓝调咖啡馆

简介：蓝调咖啡馆作为一家连锁店，主要销售咖啡、饮料和烘焙产品，为客户提供用餐、商务交流和自习办公的场所

客户目标：吸引更多客户在每天11am—2pm之间来店里用餐

目标客户：主要是附近的上班族和周边高校的学生

营销预算：每家连锁店1000元

在经过认真策划后，你的上级王经理提出了他的营销计划和宣传海报，具体如下。

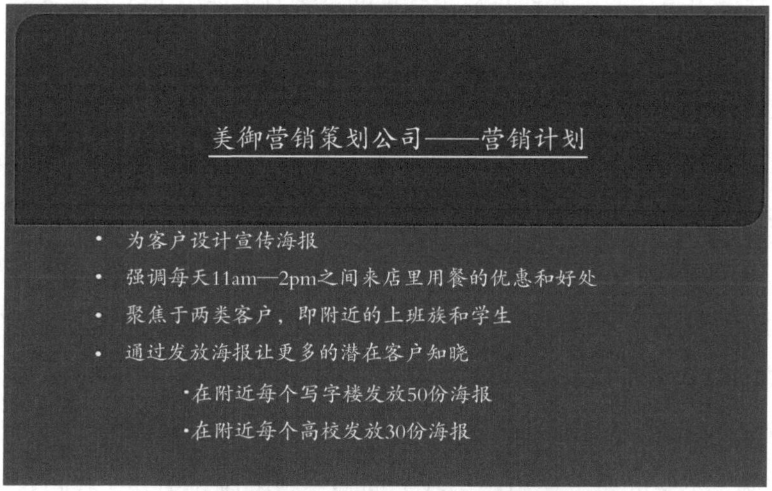

你一直在思考王经理的营销计划和宣传海报，你认为他的方案可以更有吸引力。尽管你知道向经理提意见可能会对其权威形成一定挑战，但是为了公司的利益，经慎重考虑后，你还是对王经理的营销方案提出了改进建议。

两天后，王经理写邮件对你进行如下回复：

谢谢你的建议。但我很遗憾地告诉你，你有关蓝调咖啡馆营销方案的建议无法被实施。我没有足够的时间去进行这样的改变。每个营销策划项目都有时间限制，你的建议无法在期限内实施。要很好地实施你的建议额外需要大约5天的时间。在这种情况下，我的解决方案似乎是最好的。希望这对你有帮助。（高解释具体性）

谢谢你的建议。但我很遗憾地告诉你，你有关蓝调咖啡馆营销方案的建议无法被实施。不幸的是，在组织中我们面临一些限制。另外，我也认为你的建议行不通，因为其中还涉及一些其他问题。然而，我们需要立即找到解决方案。在这种情况下，我的解决方案似乎是最好的。希望这对你有帮助。（低解释具体性）

请选择您在多大程度上同意或不同意下面的陈述	强烈不同意	不同意	略不同意	不能判断	略为同意	同意	非常同意
	1	2	3	4	5	6	7
1. 经理给出了不采纳我的建议的具体解释							
2. 经理给出的不采纳我的建议的理由像一个模板，可以用于所有拒绝建议的场合							
3. 经理有针对性地就我的建议给出了无法采纳的理由							
4. 经理给出的不采纳我的建议的理由比较含糊，让我不知道他拒绝我的建议的真实原因							

在您的经理拒绝采纳您的建议后，您认为在美御营销策划公司采取以下行为在多大程度上是安全的	强烈不同意	不同意	略不同意	不能判断	略为同意	同意	非常同意
	1	2	3	4	5	6	7
1. 发现影响公司的问题并就此向经理提出建议							
2. 就影响公司的问题向经理提出建议，并且鼓励公司其他同事参与其中							
3. 即使我的观点与经理不一致，我仍然同他交流自己关于工作的不同看法							
4. 就工作程序中的新方案或改革提出我的建议和想法							

在王经理拒绝采纳你的建议两周后，你们部门收到了另一个客户的营销设计请求。经过认真设计，王经理提出了针对该客户的营销方案。在王经理拒绝采纳你之前的建议之后，你会就该客户的营销方案提出改进建议吗？

○会　　○不会

附录 C　子研究二问卷调查

尊敬的先生 / 女士：

您好！非常感谢您抽出宝贵的时间参与此次调查，这是一份有关工作中的主动行为的学术研究问卷。本次调研所获得的全部资料仅用于学术研究，问卷内容已避免涉及商业机密和个人隐私，请您放心填写。本问卷的填写大约仅占用您 10 分钟的时间，您的参与将对本研究的开展具有十分重要的意义。填答没有对错之分，您只需按照实际情况填写即可。再次感谢您的支持与配合。

您目前所在的企业正在经历数字化转型，或者已经完成数字化转型了吗？

○是　　○否

一、请回忆一下，在过去的一个月内，为了改善您所在团队、部门或组织的现状，您有主动向领导提出建议、意见或想法的行为吗？（单选题）

○有　　○没有

二、您的领导当时是否采纳了您的建议？（单选题 * 必答）

○领导采纳了我的建议

○领导并没有采纳我的建议

三、如果有，请详细描述您当时在工作中所遇到的问题，以及您给领导的具体建议：（填空题 * 必答）

____

四、请根据自己的实际情况，回答以下问题（单选题，7级评分，请选择一个最合适的分值，在题项后的方框内打"√"）

请选择您在多大程度上同意或不同意下面的陈述	强烈不同意	不同意	略不同意	不能判断	略为同意	同意	非常同意
	1	2	3	4	5	6	7
1. 我的领导给出了不采纳我的建议的具体解释							
2. 我的领导给出的不采纳我的建议的理由像一个模板，可以用于所有拒绝建议的场合							
3. 我的领导有针对性地就我的建议给出了无法采纳的理由							
4. 我的领导给出的不采纳我的建议的理由比较含糊，让我不知道他拒绝我的建议的真实原因							

请选择您在多大程度上同意或不同意下面的陈述	强烈不同意	不同意	略不同意	不能判断	略为同意	同意	非常同意
	1	2	3	4	5	6	7
1. 尽管领导上次没有采纳我的建议，但在日常工作中我仍然不需要总是小心翼翼							
2. 尽管领导上次没有采纳我的建议，但在日常工作中我仍然可以讲出心中所想							
3. 领导上次没有采纳我的建议，我所在的工作环境中充满了各种潜在的威胁							
4. 如果我在工作中出现一点失误，后果将很严重							
5. 在我所在的工作环境中，总是有些人找我的麻烦							

请选择您在多大程度上同意或不同意下面的陈述	强烈不同意	不同意	略不同意	不能判断	略为同意	同意	非常同意
	1	2	3	4	5	6	7
1. 我和领导的工作关系很有效							
2. 我总是知道领导对我工作的满意程度							
3. 我的领导会运用他的权力来帮助我解决工作上的问题							
4. 我总是知道在领导面前我的立场，同领导一起工作非常开心							
5. 我的领导了解我的工作问题和需求							
6. 我的领导很清楚我的潜力							
7. 如果我犯了无心之失，我的领导会为我辩护							

请选择您在多大程度上同意或不同意下面的陈述	强烈不同意	不同意	略不同意	不能判断	略为同意	同意	非常同意
	1	2	3	4	5	6	7
1. 我总是在寻找更好的方法来做事情							
2. 即使别人反对，我也愿意坚持自己的想法							
3. 我不断地寻找能够改善生活的新办法							

上次提建议被拒绝之后，您有以下行为的频率	没有	极少	有一些	偶尔有	较多	很多次	每天
	1	2	3	4	5	6	7
1. 对可能影响组织的事，积极提出建议							
2. 积极提出对组织发展有利的新项目建议							
3. 为改进组织工作流程，积极提出建议							
4. 为帮助组织达成目标，积极建言献策							
5. 为改进组织运营，提出建设性意见							

上次提建议被拒绝之后，您有以下行为的频率	没有	极少	有一些	偶尔有	较多	很多次	每天
	1	2	3	4	5	6	7
1. 劝阻组织内其他同事不要做不利于组织绩效的事							
2. 坦诚地指出可能严重影响组织的问题，即使存在反对意见							
3. 勇于指出可能影响组织效率的事情，即使这样做会使其他人难堪							
4. 当出现问题时，勇于指出组织问题，即使这样做会对自己和同事的关系产生影响							
5. 当工作中出现需要进行协调的问题时，主动向上级反映							

五、基本信息

1. 您的性别是：

○男　　○女

2. 您的年龄是：____________

3. 您的受教育程度是：

○中专及以下

○大专

○大学本科

○硕士（含 MBA/EMBA/MPA）

○博士（博士后）

4. 您所在公司所属的行业类别是：（单选题）

○金融行业

○租赁和商业服务行业

○信息软件行业

○电子工程行业

○生物医药行业

○建筑行业

○能源化工行业

○制造行业

○其他 ______________________

5. 您在现在单位的工作年数是：____________

6. 您所在公司的规模是：

○ 100 人及以下

○ 101~500 人

○ 501~2000 人

○ 2001~5000 人

○ 5001 人及以上

7. 您现在的职级是：（单选题）

○普通员工

○基层管理者

○中层管理者

○高层管理者

○其他 ____________________

附录 D　子研究三问卷调查

尊敬的先生 / 女士：

您好！非常感谢您抽出宝贵的时间参与此次调查，这是一份有关工作中的主动行为的学术研究问卷。本次调研所获得的全部资料仅用于学术研究，问卷内容已避免涉及商业机密和个人隐私，请您放心填写。本问卷的填写大约仅占用您 10 分钟的时间，您的参与将对本研究的开展具有十分重要的意义。填答没有对错之分，您只需按照实际情况填写即可。再次感谢您的支持与配合。

您目前所在的企业正在经历数字化转型，或者已经完成数字化转型了吗？

○是　　○否

一、请回忆一下，在过去的一个月内，为了改善您所在团队、部门或组织的现状，您有主动向领导提出建议、意见或想法的行为吗？（单选题）

○有　　○没有

二、您的领导当时是否采纳了您的建议？（单选题 * 必答）

○领导采纳了我的建议

○领导并没有采纳我的建议

三、如果有，请详细描述您当时在工作中所遇到的问题，以及您给领导的具体建议：（填空题 *必答）

____

四、您的领导是在哪种场合拒绝采纳您的建议的？（单选题 *必答）

○公开　　○私下

五、请根据自己的实际情况，回答以下问题（单选题，7 级评分，请选择一个最合适的分值，在题项后的方框内打“√”）

请选择您在多大程度上同意或不同意下面的陈述	强烈不同意	不同意	略不同意	不能判断	略为同意	同意	非常同意
	1	2	3	4	5	6	7
1. 领导说了些有趣的话来拒绝我的建议							
2. 领导用幽默的方式来拒绝我的建议							
3. 在表达不采纳我的建议时，领导说了些有趣的话来缓和气氛							
4. 领导在拒绝我的建议时，用打比方的方式来使我开心							
5. 在表达不采纳我的建议时，领导说了些聪明的话来使我不沮丧							

请选择您在多大程度上同意或不同意下面的陈述	强烈不同意	不同意	略不同意	不能判断	略为同意	同意	非常同意
	1	2	3	4	5	6	7
1. 在领导上次拒绝我的建议后，我仍然认为向领导提建议是很安全的							
2. 在领导上次拒绝我的建议后，我仍然不害怕向领导表达我的想法							
3. 在领导上次拒绝我的建议后，我仍然相信他是愿意听取不同意见的							
4. 我在工作中不需要总是小心翼翼							

请选择您在多大程度上同意或不同意下面的陈述	强烈不同意	不同意	略不同意	不能判断	略为同意	同意	非常同意
	1	2	3	4	5	6	7
1. 我经常有比较矛盾的想法，有时候我觉得自己与领导的关系很好，但有时候不这么认为							
2. 我经常有比较矛盾的想法，有时候我觉得领导了解我的工作问题和需求，但有时候不这么认为							
3. 我经常有比较矛盾的想法，有时候我觉得领导会运用他的权力来帮助我解决工作上的问题，但有时候不这么认为							
4. 我经常有比较矛盾的想法，有时候我觉得和领导一起工作很开心，但有时候不这么认为							
5. 我经常有比较矛盾的想法，有时候我觉得如果我犯了无心之失，我的领导会为我辩护，但有时候不这么认为							
6. 我经常有比较矛盾的想法，有时候我觉得我的领导很清楚我的潜力，但有时候不这么认为							
7. 我经常有比较矛盾的想法，有时候我觉得我知道在领导面前自己的立场，但有时候不这么认为							

请选择您在多大程度上同意或不同意下面的陈述	强烈不同意	不同意	略不同意	不能判断	略为同意	同意	非常同意
	1	2	3	4	5	6	7
1. 对我来说，被周围的人接受很重要							
2. 我经常担心自己会被其他人抛弃							
3. 被排除在一个团体之外不会特别困扰我							
4. 我对遭到拒绝很敏感							

上次提建议被拒绝之后，您有以下行为的频率	没有	极少	有一些	偶尔有	较多	很多次	每天
	1	2	3	4	5	6	7
1. 对可能影响组织的事，积极提出建议							
2. 积极提出对组织发展有利的新项目建议							
3. 为改进组织工作流程，积极提出建议							
4. 为帮助组织达成目标，积极建言献策							
5. 为改进组织运营，提出建设性意见							

上次提建议被拒绝之后，您有以下行为的频率	没有	极少	有一些	偶尔有	较多	很多次	每天
	1	2	3	4	5	6	7
1. 劝阻组织内其他同事不要做不利于组织绩效的事							
2. 坦诚地指出可能严重影响组织的问题，即使存在反对意见							
3. 勇于指出可能影响组织效率的事情，即使这样做会使其他人难堪							
4. 当出现问题时，勇于指出组织问题，即使这样做会对自己和同事的关系产生影响							
5. 当工作中出现需要进行协调的问题时，主动向上级反映							

六、基本信息

1. 您的性别是：

○男　　○女

2. 您的年龄是：____________

3. 您的受教育程度是：

○中专及以下

○大专

○大学本科

○硕士（含 MBA/EMBA/MPA）

○博士（博士后）

4. 您所在公司所属的行业类别是：（单选题）

○金融行业

○租赁和商业服务行业

○信息软件行业

○电子工程行业

○生物医药行业

○建筑行业

○能源化工行业

○制造行业

○其他 ____________________

5. 您在现在单位的工作年数是：__________

6. 您所在公司的规模是：

○ 100 人及以下

○ 101~500 人

○ 501~2000 人

○ 2001~5000 人

○ 5001 人及以上

7. 您现在的职级是：（单选题）

○普通员工

○基层管理者

○中层管理者

○高层管理者

○其他 ____________________

附录 E　领导未采纳建言情况列举

情况列举
目标客户预备的手续并不齐全，对部门的工作判断产生了一定的阻碍。领导力排众议给予绿灯通行，很多同事私下认为并不合适。某次晨会后，在日常审核资料时，我提出了自己的看法，认为领导的做法不是很合适，因为那样会对本部门的年度考核产生一定的影响。领导私下和我说，虽然有一定的风险，但是目标人群信誉度很高，以往的口碑也很好，合作关系稳定，答应会补齐后续的手续，综合来看问题不大。虽然可能会产生一定的影响，但是都在可控范围内
我就集团客户专线的优化问题向领导提出建议：集团客户网络使用有一定的规律性，可通过适当调整网络配置，充分利用空闲资源，提升客户网络体验的流畅度，这对维护和提升集团客户满意度能起到一定的作用。领导认为，资源配置优化的效果不会太明显，已有相关案例显示调整空间有限；且若因调整导致专线网络出现问题、给客户造成损失，会得不偿失，没必要因小失大。他提出应抓住重点问题，提升客户满意度可从其他细节方面完善
受各种因素影响，我们公司尤其是我们子事业部开工不足。为此，我向公司提议：对过去零散的制药附属产品进行深加工，改变过去简单外销给其他小企业的做法，通过拉长生产链条提升公司综合效益。领导认为，对附属产品进行深加工需向总公司申请并经董事会审批，且需要追加不少投资，而当前疫情已导致公司效益整体下滑，在这种情况下追加投资基本上不可能
由于行业竞争日益激烈，发展新客户的效率越来越低，员工业绩提升面临较大困难。为此，我向领导提议：将客户开发重心转向企事业单位，通过争取这些单位的中层领导协助向其下属推广产品，并给予相关领导一定的回报，以此提高业绩和成交成功率。领导认为，这种做法可能对公司名誉造成负面影响，因为通过这种方式售出的产品未必是购买者真正需要的，还可能让购买者产生反感情绪，如此一来，即便短期业绩有所提升，最终也会得不偿失
我向领导建议实行灵活的工作时间安排，重点关注工作的完成质量与及时性，而非局限于朝九晚五的固定时长；只要能及时按质按量完成工作，办公地点不一定非要局限在公司办公室，以适应新时期居家办公的新需求。领导表示，灵活办公难以量化个人工作绩效，现有考勤方式更贴合公司实际；且若推行居家办公，将很难做到一碗水端平。此外，实际工作时间的延长也并非所有人都能适应

续表

情况列举
关于部门领导信息库的整理以及图纸的规范和审核问题，我跟领导提了建议：建立一个可共享的系统并规范流程，对图纸进行进一步管控。因为在我们行业，图纸的重要性极高，若未能有效控制图纸的规范性，后续可能引发严重问题；且图纸管理需要正规流程，尽管这一过程可能耗时，但必须推进才能更好地实现规范化。领导认为，实施该建议需要购买昂贵的正版软件，而目前的管理系统已能满足图纸的查询、跟踪、保存及更改需求，因此暂不想投入这笔资金。他表示，待后续公司有多余资金后或许会考虑这一方案，目前暂不采纳该建议
在一个加工制造项目中，我们通过大量工作制定了加工方案。专家评审后，在结论中提出了改进建议，要求优化加工工艺。项目团队据此对方案重新优化后，最终通过了评审。之后，我向领导提议简化方案构成、优化结构，以提升加工的简易性。领导表示，该方案已历经多次论证和优化，目前没必要推翻原有方案
我在工作中常遇到设备发生故障后无法及时修复的问题，因此提议培训部分操作工学习维修技术，使其在工作中遇到小故障时能自行处理，无须等待专业维修工；同时给予他们适当的补助，这样既能增加员工收入，又能节省额外招聘维修工的费用，可谓一举两得。领导认为，维修和操作工作分属不同的部门，若这样做容易引发部门间推诿扯皮的问题，故暂时无法采纳该建议
对于项目测试任务的分配问题，我建议对同一项目的不同版本分配不同的人员进行测试。利用大家思维方式的差异，能更好地发现更多问题；而若固定测试人员，可能会因个人思维模式固化而不易发现某些问题。领导认为，不同版本分配相同的人员也有优势——他们对项目情况更熟悉、对版本功能更了解，能提高工作效率；若更换人员，还需重新熟悉项目，反而会影响进度